< 500 m²

500–1,000 m²

1,000–2,500 m²

2,500–10,000 m²

> 10,000 m²

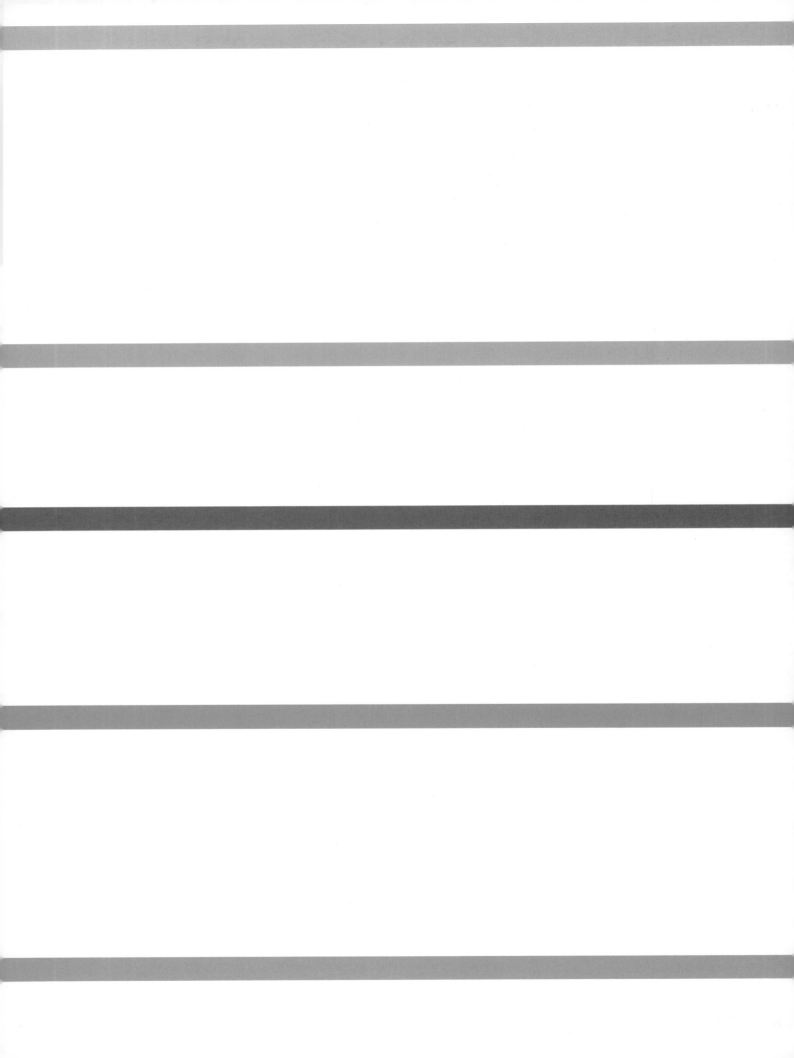

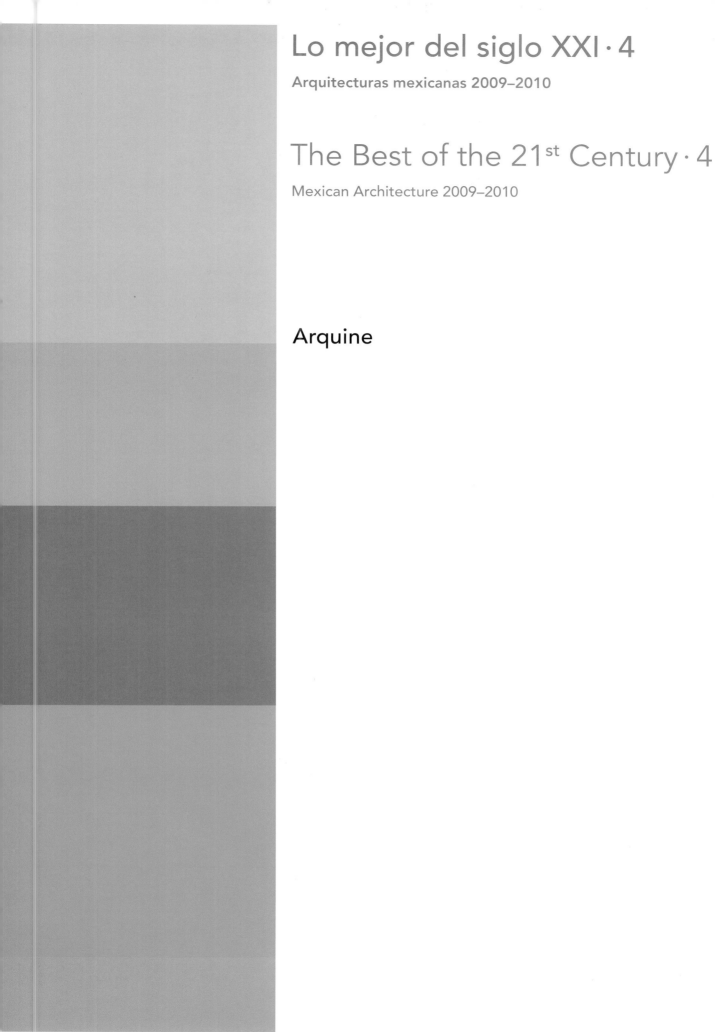

Lo mejor del siglo XXI · 4

Arquitecturas mexicanas 2009–2010

The Best of the 21st Century · 4

Mexican Architecture 2009–2010

Arquine

Contenido Table of contents

Lo mejor del siglo XXI · 4

The Best of the 21st Century · 4

Lo mejor del siglo XXI vol. 4 es un panorama de la arquitectura mexicana contemporánea entre 2009 y 2010. La selección muestra más de 70 obras que ilustran la complejidad y diversidad de la producción nacional, desde una perspectiva incluyente, tanto geográfica como generacional. Replicando las tres ediciones anteriores, correspondientes a los periodos 2001–2004, 2005–2006 y 2007–2008, las obras incluidas son resultado de una convocatoria abierta publicada en la revista internacional de arquitectura y diseño *Arquine*. Esta edición es un contenedor donde refrendamos el modelo koolhaasiano de clasificación por tamaños y en avalancha de información: una obra por despacho editada en una extensión de dos a seis páginas por proyecto. Las 77 obras mostradas siguen la misma estructura de los tres volúmenes que le preceden, clasificación por tamaño —hasta 500 m², de 500 a 1,000 m², de 1,000 a 2,500 m², de 2,500 a 10,000 m² y más de 10,000 m²— reflejadas en el color de la pleca de cada distintivo.

El ordenamiento ascendente, en cuanto al tamaño de cada proyecto, mezcla tipologías, lugares y autores. Contiene información sistemática y lacónica para facilitar una comprensión ágil de cada obra, tanto en las memorias descriptivas como en los planos y fotos. El cuarto episodio subraya características similares de las entregas ulteriores: la incorporación de equipos noveles repite y arraiga a un grupo de arquitectos que demuestran año tras año la solidez de sus propuestas y persisten buenos ejemplos de casas con notables edificios de departamentos dentro de un amplio espectro en el contexto mexicano: desde pequeños edificios experimentales hasta un parque acuático.

Entre las obras de menor tamaño destacan los departamentos de Urs Pfister en Real de Catorce, así como las casas de Cano l Vera Arquitectura, Tatiana Bilbao y Periférica / Rozana Montiel; donde la racionalización del uso de los materiales del lugar y lo compacto de sus propuestas contrasta con las mansiones de gran tamaño y lujo como la casa MTY de Bernardo Gómez Pimienta en Monterrey o la casa Reforma de Central de Arquitectura, en la ciudad de México.

En tamaño intermedio aparecen centros culturales que eventualmente intervienen espacios preexistentes como la Sala de Arte Público Siqueiros (SAPS) de arquitectura 911sc (Saidee Springall + Jose Castillo), el Wellness Center Querétaro de Jorge Ambrosi y la Galería Kurimanzutto de Alberto Kalach. Entre los edificios de departamentos, está la séptima intervención de Javier Sánchez en la calle Veracruz, completando el bordado urbano de la Condesa, así como el compacto edificio de departamentos en la colonia Juárez de at103 y los apartamentos Rebollar, en la colonia San Miguel Chapultepec proyectados por Serrano Arquitectos. Las obras de mayor tamaño

The Best of the 21st Century Vol. 4 is a panorama of contemporary Mexican architecture from the years 2009 and 2010. The selection consists of more than 70 works which illustrate the complexity and diversity of Mexican architecture from an inclusive perspective in both generational and geographical terms. As with the three previous volumes that covered the periods 2001–2004, 2005–2006 and 2007–2008, a public invitation to participate was made in the pages of the international architecture and design magazine *Arquine*. This volume is a container that follows the Koolhaas model, in terms of classification by size and quantity of information: each firm is represented by a single work, with two to six pages given over to each project. The 77 works shown here follow the same structure as the three preceding volumes: classification by built area—up to 500 m², from 500 m² to 1,000 m², from 1,000 m² to 2,500 m², from 2,500 m² to 10,000 m², and over 10,000 m²—which is reflected in the colors of the borders of the pages of each section.

This classification by ascending size of project mixes typologies, locations, and authors. It presents concise, systematic information to enable easy understanding of each work in terms of plans, photographs, and written descriptions. This fourth edition reinforces some characteristics of previous installments: new teams continue to be incorporated; a group of architects reappear and become consolidated, demonstrating year after year the solidity of their proposals; and some excellent examples of houses and apartment buildings continue to stand out within the broad context of Mexican architecture, from small, experimental buildings right up to a water park.

Some of the smaller buildings of particular note include the apartments by Urs Pfister in Real de Catorce, together with the houses by Cano l Vera Arquitectura, Tatiana Bilbao and Periferica / Rozana Montiel, where the rationalization of the use of local materials and the compact nature of their projects contrast with larger, luxury homes such as Bernardo Gómez Pimienta's MTY house in Monterrey and the Reforma house by Central de Arquitectura in Mexico City.

At the medium scale, this edition presents cultural centers that are in fact interventions in pre-existing spaces, notably the Sala de Arte Público Siqueiros (SAPS) by arquitectura 911sc (Saidee Springall + Jose Castillo), the Wellness Center Queretaro by Jorge Ambrosi and Alberto Kalach's Kurimanzutto gallery. Apartment buildings include Javier Sánchez's seventh work of this type, on Veracruz street, completing the urban fabric of the Condesa, as well as the compact apartment building in the Juárez neighborhood built by at103, and the impeccable Rebollar apartments in the San Miguel Chapultepec neighborhood, by Serrano arquitectos.

son también las de mayor calado, es el caso de la Escuela de las Artes de Oaxaca de Mauricio Rocha, galardonada con múltiples premios en distintas bienales. En esta entrega sobresale la inclusión de una obra realizada en el extranjero: el pabellón de México en la Expo Mundial Shanghai 2010 de Juan Carlos González, Israel Álvarez, Moritz Melchert, Mariana Tello, Edgar Ramírez (antes SLOT), resultado de un concurso abierto convocado por el Gobierno Federal en 2009.

En el rango de mayor tamaño destacan distintos equipamientos culturales y de entretenimiento. Se presenta la biblioteca para el posgrado de Economía de la UNAM de Legorreta + Legorreta, el Museo de la Memoria y la Tolerancia de Arditti Arquitectos, el Museo interactivo Bebeleche de Jorge Vázquez del Mercado, el Teatro Bicentenario en Mérida de Augusto Quijano, el Parque Acuático el Coromuel de Alejandro D'Acosta en Baja California, el Museo de Arte e Historia en Guanajuato de Nuño-McGregor-DeBuen, la terminal multimodal Azteca de Manuel Cervantes y el Centro de Congresos en Querétaro de Teodoro González de León.

Si en la primera edición de *Lo mejor del siglo XXI* se esbozaba un panorama notablemente complejo, y en la segunda y tercera edición se consolidó la pluralidad de la arquitectura mexicana, este cuarto episodio que cierra una década, subraya las constantes de las ediciones precedentes. En esta cuarta entrega de *Lo mejor del Siglo XXI* esperamos robustecer la construcción histórica del escenario cultural y arquitectónico de México.•

The larger works are also those that have the greatest impact: outstanding is the School of Visual Arts of Oaxaca by Mauricio Rocha, which has won acclaim wherever it has participated in competitions and biennials over this period. Notable for this installment is the inclusion of a project undertaken overseas: the Mexico Pavilion at the 2010 Expo Universal in Shanghai, by Juan Carlos González, Israel Álvarez, Moritz Melchert, Mariana Tello, Edgar Ramírez (previously SLOT), which emerged from an open competition run by the Federal Government in 2009.

Finally, in the largest classification by size, cultural and entertainment complexes are to the fore. For this edition we highlight the postgraduate economics for the UNAM by Legorreta + Legorreta, the Museum of Memory and Tolerance by Arditti and the Bebeleche Interactive Museum by Jorge Vázquez del Mercado, together with the Bicentenary Theater in Mérida by Augusto Quijano, the El Coromuel Water Park by Alejandro D'Acosta in Baja California, the Guanajuato History and Art Museum by Nuño-McGregor-DeBuen, the Azteca multimodal terminal by Manuel Cervantes and the Querétaro Convention Center by Teodoro González de León.

If the first edition of *The Best of the 21st Century* sketched out the remarkable complexity of the Mexican panorama, and the second and third installment reaffirmed this plurality, this fourth volume, which brings the decade to a close, serves to underline the constants that have ruled throughout. With this fourth installment of *The Best of the 21st Century* we hope to consolidate the historical construction of the Mexican cultural and architectural scene.•

Obras Works

Inmerso en un severo contexto urbano en medio de la ciudad de México, el proyecto transforma una azotea desierta en un agradable e introvertido jardín. A pesar de que el programa original planteaba una cubierta de madera en la azotea del bloque urbano, creímos que una simple plataforma programada no activaría el sitio. Por ello, se definió un nuevo espacio para crear un entorno habitable. Una terraza debe ser un cuarto exterior concebido como extensión de los espacios interiores y no como elemento independiente.

Para nosotros, una terraza verde debe ser más que una azotea habitada. Para lograrlo, hemos trabajado con los mínimos elementos que definen la esencia de un cuarto exterior. Se utilizó la vegetación para contener las vistas y crear nuevas referencias dentro del espacio contenido, se generaron zonas de sombra y se han redefinido los límites del área con pantallas permeables.

Para poder crear una estructura ligera y eficiente, las columnas y vigas se prefabricaron a partir de múltiples elementos livianos en lugar de utilizar materiales robustos y pesados. De esta manera, la estructura crea una secuencia de marcos ligeros entre los cuales se entretejen bandas textiles de fibras naturales.

A pesar de estar hecho de múltiples partes, los límites ambiguos de los elementos entrelazados (vegetación, madera y textiles) crean una entidad autónoma que se percibe como un conjunto que define sus fronteras.•

This project is set in a densely urban context in the middle of Mexico City and transforms a bare rooftop into a pleasant, sheltered garden. The original brief called for wooden decking on the rooftop of this urban block, but we thought that a simple platform would not inject life into the site and so instead we set about defining a new space to create a comfortable environment. A terrace should be an outdoor room designed as an extension of interior spaces rather than as an independent element.

We consider that a green terrace must be more than just an inhabited roof, and we worked with the bare minimum of elements that define our concept of the essence of an outdoor room. Plants frame the views and create new references within the enclosed space; permeable screens provide shade and redefine the boundaries of the space.

For a light and efficient structure, several lightweight elements were used in the prefabricated columns and beams—instead of solid and heavy materials; thus the structure creates a series of light frames interwoven by broad strips of fabric made of natural fibers.

Despite the variety of its constituent parts, the blurring of the boundaries between the various elements (plants, wood, textiles) creates a self-contained space which appears as a unified whole that defines its own limits.•

Estudio MMX

Terraza TEA

Proyecto arquitectónico Architectural Design Ignacio del Río, Jorge Arvizu, Emmanuel Ramírez, Diego Ricalde Colaboradores Project Team Eréndira Tranquilino Superficie construida Constructed Surface Area 30 m² Fotografía Photography Yoshihiro Koitani Lugar Location México, D.F., México www.mmx.com.mx

Sección Section

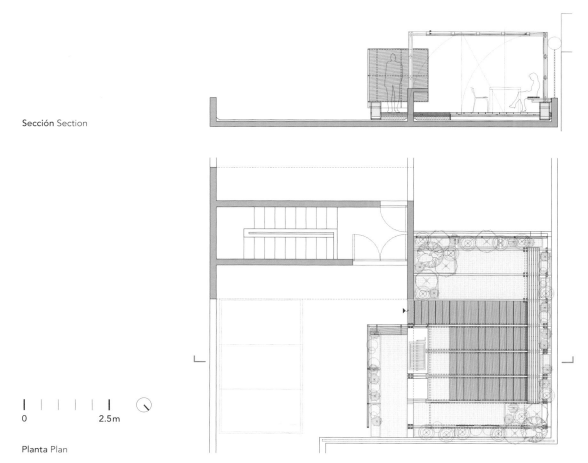

0　　　　　　2.5m

Planta Plan

Proyecto ubicado en el río Soto La Marina de Tamaulipas, México, que se compone de una plataforma de 4.89 por 14.68 metros, forrada de madera de teca y sostenida por una estructura metálica suspendida en una serie de pilotes de acero inmersos en el lecho fluvial. El diseño pretende dar la sensación de una balsa flotando en el río, para lo cual se remetieron las columnas un metro y se evitó así sin visibilidad cuando se navega alrededor del muelle.

Debido a que el caudal del río varía según las temporadas y el control de una presa cercana, en ocasiones el muelle puede aparentar estar suspendido varios centímetros en el aire o puede quedar 30 centímetros bajo el agua, lo que crea la sensación casi mágica de caminar y estar sobre el agua.

A los costados, el proyecto tiene unos herrajes especiales hechos a base de tubería semicromada, con soportes neumáticos para poder atracar una embarcación. De frente cuenta con una escalerilla para utilizar la superficie como terraza social, al lado de una piscina, y poder tener camastros, mobiliario de comedor de jardín, etcétera, convirtiéndolo en un espacio muy versátil.

La plataforma se conecta con la tierra firme por medio de un andador de metro y medio de ancho que sigue el patrón de la superficie de teca.•

This project is located on the Río Soto La Marina in Tamaulipas and comprises a platform measuring 4.89 × 14.68 meters, with a teak deck supported by a metal structure resting on a series of steel piles sunk into the river bed. The design seeks to give the sensation of a raft floating on the river, so the columns were set back by a meter to hide them from sight as you navigate around the jetty.

Since the river's height varies according to the season and depending on the use of a nearby dam, the jetty can appear to hang several centimeters in the air, or it may lie 30 centimeters beneath the surface, giving users the magical feeling of walking on water.

The construction's perimeter is formed by special wrought ironwork using semi-chromed piping, with rubber tire attachments for vessels to dock. The extremely versatile platform can be used as a terrace for social gatherings beside a swimming pool, thanks to a small set of steps at the front, and has room for chaise-longues and garden furniture.

The platform is connected to the bank by a 1.5-meter-wide walkway, using the same teak pattern as on the jetty itself.•

Andrés Pastor, Omar Rendón

Muelle Las Luisas

Proyecto arquitectónico Architectural Design **Andrés Pastor, Omar Rendón** Colaboradores Project Team **Andrés Marbán** Ingeniería estructural Structural Engineering **Sergio Carbajal** Construcción Contractor **Arturo Mateos** Superficie construida Constructed Surface Area **85.78 m²** Fotografía Photography **A.M.B.** Lugar Location **Tamaulipas, México**

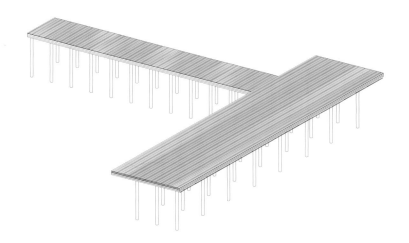

Isomérico Isometric view

0   5m

Emplazada a tres mil metros de altura sobre el nivel del mar se encuentra la casa-campamento (administrada por seis brigadistas del ejido de San Nicolás Totolapan) y un espacio para laboratorio de estudios meteorológicos (administrado por la UNAM). Su objetivo es el control de incendios de la zona boscosa del sur-poniente de la ciudad de México mediante la observación del entorno durante los meses de mayor incidencia (de diciembre a mayo).

Al no existir en la zona ningún servicio urbano, se aprovechan los recursos naturales por medio de paneles solares, calentador solar y un sistema simple de captación de agua de lluvia, así como la luz cenital.

Es una zona muy concurrida por deportistas los fines de semana y algunas peregrinaciones que toman como referencia "el paraje de la Virgen", por lo que se propuso un área de servicios sanitarios y primeros auxilios para su atención.

La casa-campamento se plantea como un basamento elevado que, al ubicarse sobre una barranca, aprovecha las mejores vistas. Su sistema estructural permite tener un mínimo de apoyos para reducir el impacto ambiental.

El área principal es una estancia que permite estar en constante observación. Este espacio se extiende hacia la terraza volada que abraza un árbol. Como material, se usó block aparente fabricado con agregados pétreos de la zona. Por su textura, este block es capaz de alojar periódicamente el musgo, al igual que las rocas de los alrededores, lo que aporta a la construcción cierto camuflaje o mimetismo con el entorno.•

This campsite/house (managed by six members of the San Nicolás Totolapan community) and meteorological station (managed by the UNAM university) sits at 3,000 meters above sea level. It principal purpose is the control of forest fires in the south-west region of Mexico City through monitoring activities between December and May, when the risk of fires is highest.

To compensate for the lack of any public infastructure, natural resources are harnessed through the use of solar panels, solar heaters, a simple rainwater harvesting system, as well as sunlight.

This is a popular area for sports enthusiasts at weekends, as well as occasional pilgrimages to the "place of the Virgin", hence the proposal to make washrooms and first-aid equipment available.

Built on a raised plinth and overlooking a ravine, the building offers great views. The structural design uses a minimum of supports to reduce its environmental impact.

The central part of the building is a living area, making it possible to observe the surroundings at all times. This space extends to the cantilevered terrace which incorporates an existing tree. Exposed concrete block made using local stone aggregates was used as the building material; its texture allows moss to grow on it at some times of the year, similar to that found on nearby rocks, and to some extent this camouflages the construction and blends it in with its surroundings.•

Spacio 3

Casa-campamento-laboratorio

Proyecto arquitectónico Architectural Design **José Luis Araiza Fernández** **Colaboradores** Project Team **Nuria Mouriño, Ana González** **Ingeniería estructural** Structural Engineering **Estructuras Metálicas Aries, S. de R.L. de C.V.** **Construcción** Contractor **Spacio 3 Diseño y Obra, S.A. de C.V.** **Superficie construida** Constructed Surface Area **99 m²** **Fotografía** Photography **Carlos Gallardo Huerta** **Lugar** Location **Ajusco, México, D.F., México** www.spacio3.com

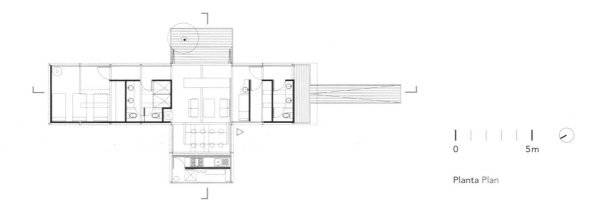

0   5m

Planta Plan

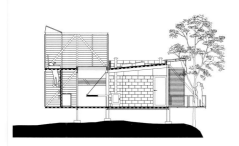

Sección transversal Transversal section

Sección longitudinal Longitudinal section

La ubicación del predio es privilegiada: mu cerca del Palacio Municipal y frente al gran contenedor de vida pública que es el zócalo de los "martinenses".

El primer objetivo planteado fue resolver la optimización del terreno (35 m² de desplante) para poder organizar unos consultorios de odontología. El eje compositivo se desarrolló a partir del acceso principal como hilo conductor de la circulación, con una escalera muy suelta, armada en concreto, que tiene como característica la "vista al mar" (el parque) y que logra distribuir el programa en dos niveles.

Un aspecto particular del diseño interior es que las cancelerías se pueden abrir para extender los consultorios.

El edificio, que presenta la fachada principal abierta y transparente, funciona como una lámpara urbana en el primer cuadro de la ciudad.•

This property is well located, just steps away from the town hall on the town's main square, the main gathering place for local residents.

The first challenge was to make optimal use of the 35 m² plot in order to house a number of dentist's offices. The key compositional feature is a main entrance that acts as the guiding element for circulation, with a free-flowing concrete stairway that offers "sea views" (onto the park) and enables the construction of two-story program.

An unusual feature of the building's interior design is the use of sliding doors to allow the consultation rooms to be extended.

The building's completely open and transparent façade lights up the city center.•

Volta arquitectos

Consultorios - M

Proyecto arquitectónico Architectural Design **Volta arquitectos / Rafael Ojeda Núñez, Uziel Marrufo Fernández, Eduardo Audirac Flores** Ingeniería estructural Structural Engineering **Carlos Ruiz Acevedo** Construcción Contractor **Volta arquitectos** Superficie construida Constructed Surface Area **115 m²** Fotografía Photography **Patrick López Jaimes** Lugar Location **Martínez de la Torre, Veracruz, México** www.voltarquitectos.com

0   2.5m

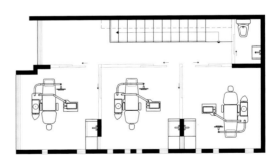

Planta nivel 2 Level 2 plan

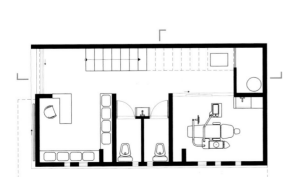

Planta baja Ground floor plan

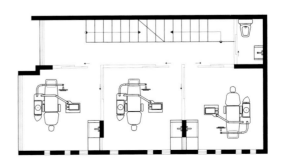

Planta nivel 1 Level 1 plan

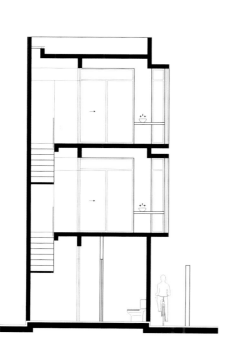

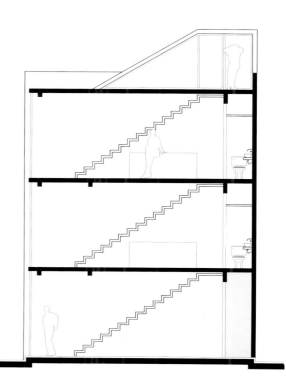

Sección transversal Transversal section

Sección longitudinal Longitudinal section

El proyecto consiste en una vivienda de 120 m² construida como ampliación en la azotea de una casa de los años ochenta, en Bosques de las Lomas. Los materiales utilizados son madera de pino, mármol travertino, acero y vidrio.

La orientación de la casa es oriente-poniente, y su transparencia entre ambos jardines le brinda una eficiente iluminación y ventilación cruzada en todos los espacios, que por medio de puertas corredizas se modifican para volverse públicos o privados.

La luz, la sombra y la naturaleza denotan el paso del tiempo. La presencia de la luz matutina abriga la casa, marcando el movimiento de las sombras de la pérgola y el jardín, mientras que al atardecer las sombras del fresno dan paso a la noche. Quien habita la casa se hace consciente de la vida y del paso del tiempo gracias, en distintos momentos, a la presencia de las flores, el sonido de la lluvia, la caída de las hojas secas y la desnudez del árbol invernal.•

This 120m² roof extension is located above a house built in the 1980s in the Bosques de las Lomas neighborhood. The project uses pine, travertine marble, steel, and glass.

The house is oriented east-west and has openings onto both gardens to ensure good lighting and cross-ventilation in all areas – which can be made public or private through the use of sliding doors.

Light, shade, and nature mark the passing of time. Morning light suffuses the house, recording the movement of shadows cast by the pergola and the garden, while in the evening the shadows created by the ash tree announce nightfall. At different moments the presence of flowers, the sound of rain, the falling of dead leaves, and the nakedness of the tree in winter all make the house's occupants aware of time going by.•

Héctor Alejandro Módica de Caso

Casa Guevara

Proyecto arquitectónico Architectural Design **Héctor Alejandro Módica de Caso** Ingeniería estructural Structural Engineering **Tonda Ingeniería** Superficie construida Constructed Surface Area **120 m²** Fotografía Photography **Lourdes Ivonne del Río Suárez** Lugar Location **Bosques de las Lomas, México, D.F., México**

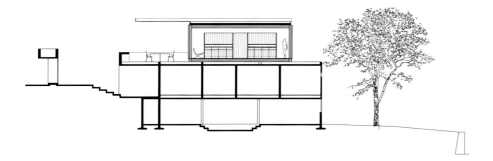

Sección longitudinal Longitudinal section

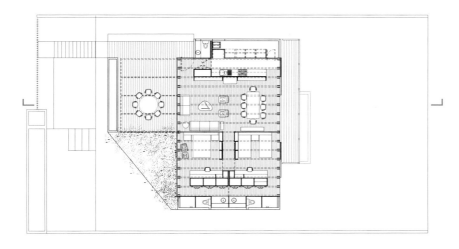

0   5m

Planta baja Ground floor plan

Sobre un terreno de 600 m², la Casa A surge como necesidad de los clientes de construir una vivienda para su retiro. Ubicada en el fraccionamiento El Cristo, en Atlixco, Puebla, la casa tiene 171 m² construidos. El programa es en una sola planta más una cava, en un nivel inferior.

Desde el acceso principal se notan detalles que caracterizan los espacios: remates de luz, cortes o suajes, siempre en presencia de la naturaleza que los rodea, brindando vista, comunicación y relación entre interior y exterior. Tres volúmenes posicionados en forma de una "C" están unidos por una circulación principal que conduce a una recámara, vestidor y baño; una segunda recámara o despacho, baño de visitas y lavandería y, por último, un espacio abierto de sala, cocina-comedor.

Una piedra de la localidad reviste los volúmenes en su exterior y a veces en su interior. Las diferentes caras de éstos se seccionan total o parcialmente para lograr una buena iluminación natural. De noche, estas ranuras iluminadas permiten que la casa se vea desde el exterior como un conjunto de lámparas. La casa ilumina y respeta su entorno. Es una casa amable con el ambiente que hace uso de energías renovables para su consumo energético.•

Based on a 600 m² plot, House A arose out of the clients' need to build their retirement home. Located in the El Cristo development in Atlixco, Puebla, the house has a built area of 171 m². The program comprises a single floor, with a cellar below ground level.

From the main entrance, details characteristic of the space can be observed: illuminated finishes, sections or cut-outs, always in harmony with the surrounding nature, which provide views, dialogue and a relationship between the outside and inside. Three volumes positioned in the shape of a "C" are linked by a main walkway, which leads to a bedroom, dressing room and bathroom; a second bedroom or office space, guest bathroom and laundry room, and lastly an open-plan kitchen-cum-living/dining room.

The exterior walls are clad in local stone which sometimes extends to the interior. The different faces of these are fully or partially cut into sections to achieve effective natural lighting. At night when these illuminated slots are seen from the outside, the house has the appearance of a collection of lamps. The house lights up and complements its surroundings. It is an eco-friendly house, which uses renewable energy for its energy needs.•

Madelú Moreno / Héctor Barroso

Casa A

Proyecto arquitectónico Architectural Design **Madelú Moreno y Héctor Barroso** Ingeniería estructural Structural Engineering **Efrén Franco** Construcción Contractor **Ubaldo Ramírez García** Superficie construida Constructed Surface Area **171 m²** Fotografía Photography **Yoshihiro Koitani** Lugar Location **Atlixco, Puebla, México** www.ma-dd.com www.barrosocortina.com

Sección Section

Planta baja Ground floor plan

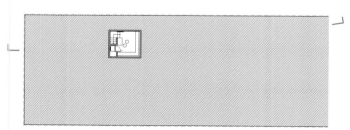

Sótano Basement

0   5m

La Casa HS se localiza en un fraccionamiento a las afueras de la ciudad de León, en un terreno de morfología trapezoidal, cuya orientación óptima hacia el norte permitía, además del resguardo solar, la contemplación plena del paisaje montañoso. Esta casa-habitación se desplanta a la medida de las necesidades de sus habitantes: una joven pareja con dos hijos varones.

La planta baja, en forma de "L", se cierra sobre la avenida principal por medio de un bloque de concreto aparente que alberga los servicios. Demarcando hacia el interior el inicio de un espacio continuo acristalado, en el que la cocina, el comedor, la sala y el estudio se vuelcan libremente sobre un jardín irregular. Se suman en este nivel un cuarto de visitas y un baño completo, resguardados por un bloque de polines de madera perforado en su cubierta con cilindros de concreto para llevar luz y ventilación al interior.

Sobre la diagonal sur del predio, flanqueada por muros y abierta por una techumbre inclinada de cristal, se localizan las escaleras irregulares que comunican con el segundo nivel. En éste, dos habitaciones dan vida a una depurada pieza rectangular, que sólo se anuncia sobre la avenida principal como un potente y sólido bloque en voladizo.

Esta casa, tan sólida desde su exterior y tan abierta en su interior, se concibe como una dualidad mutable y flexible, donde las acciones se tocan y mezclan, permitiendo al jardín ser cochera, al pasillo, sala, al comedor, cocina, a los domos, banquillos, a la chimenea, biblioteca, y ésta, a su vez, banca para la contemplación.•

The HS House is built on a residential development on the outskirts of the city of León. The trapezoidal plot is north-facing, which not only provides protection from the sun but unrestricted views onto the mountainous landscape as well. The home is built around the needs of the inhabitants, a young couple with two sons.

The L-shaped ground floor is closed off from the main avenue by a block of exposed concrete that houses the services. This demarcates the starting point of a continuous, glass-clad space where the kitchen, dining room, lounge and studio open out onto the free-form garden. This floor is rounded off by a guest bedroom and full bathroom, housed within a solid wooden block pierced from above by concrete cylinders that bring light and ventilation inside.

Access to the second floor is via an irregular staircase located on the plot's southern diagonal, flanked by walls and a sloping glass roof above. Here, two bedrooms enliven a simple rectangular volume which from the avenue appears only as a powerful, solid cantilevered block.

Solid from the outside and open on the inside, this house is conceived as a convertible and flexible duality, where actions overlap and blend, allowing the garden to be a garage, the corridor a lounge, the dining area a kitchen, the domes to be stools, the fireplace to be a bookshelf and this in turn to be a bench for sitting and contemplating.•

Estudio Vs/Miguel A. Romero Preciado

Casa HS

Proyecto arquitectónico Architectural Design **Estudio Vs/Miguel A. Romero Preciado** Ingeniería estructural Structural Engineering **Samuel Soto** Construcción Contractor **Estudio Vs/David Rodríguez** Superficie construida Constructed Surface Area **174 m²** Fotografía Photography **Óscar Gutiérrez** Lugar Location **León, Guanajuato, México**

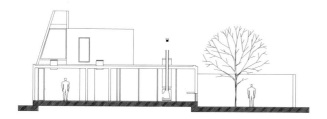

Sección transversal Transversal section

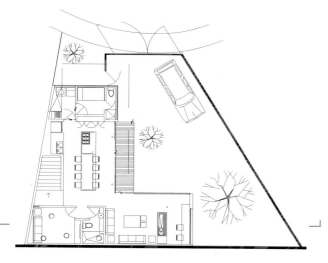

Planta baja Ground floor plan

0   5m

El proyecto ocupa parte de una cuadra urbana en el casco antiguo de Real de Catorce. La zona se caracteriza por un fino tejido de ruinas y cuartos que se parecen a un rompecabezas de tres dimensiones, debido a las formas irregulares de las cuadras, deformadas por la topografía del lugar. El conjunto nuevo, esculpido en piedra, procura integrarse en tipología, escala y material. Abarca tres departamentos, un taller de cerámica y varios locales comerciales. Las partes del rompecabezas se agrupan alrededor de un patio central que forma nichos, creando espacios exteriores individuales. De ello resulta una variedad de áreas, desde patios de entrada muy intimistas hasta terrazas soleadas con vista al cerro Lucero. El proyecto conecta espacios exteriores e interiores de forma orgánica y continua, en una arquitectura contemporánea ubicada dentro del tejido de un pueblo histórico.•

The project occupies a part of a block in the old town of Real de Catorce. The area is notable for its intricate network of ruins and rooms which look like a 3D jigsaw puzzle due to the irregularly-shaped blocks, determined by the local topography. The new complex, sculpted out of stone, seeks to emulate its surroundings in its typology, scale and materials. It includes three apartments, a pottery workshop, and various commercial premises. The pieces of the puzzle are grouped around a central patio which forms niches to create individual exterior spaces. This generates a variety of areas, from very intimate entrance patios to sunny terraces with views onto the Lucero hill. The project connects exteriors and interiors organically and continuously, in a contemporary architectural style right in the heart of a historic town.•

Urs Pfister

Apartamentos en Real de Catorce

Proyecto arquitectónico Architectural Design **Urs Pfister** Construcción Contractor **Rafael Hernández Solís** Superficie construida Constructed Surface Area **178 m²** Fotografía Photography **Urs Pfister** Lugar Location **Real de Catorce, San Luis Potosí, México** www.uparch.ch

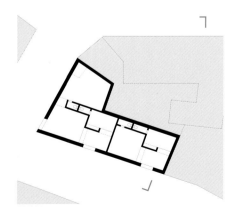

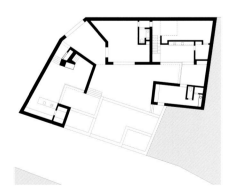

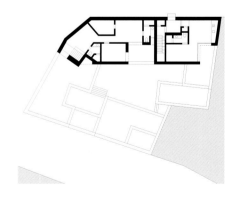

Planta nivel -1 Plan level -1

Planta nivel 0 Plan level 0

Planta nivel 1 Plan level 1

0   10m

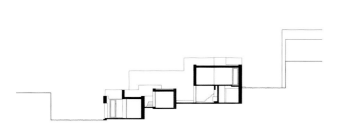

Sección Section

La propuesta conceptual se basa en la intención de generar módulos de 15 m², donde se desarrolla cada una de las áreas del proyecto arquitectónico y mediante las cuales se generan espacios abiertos y continuos. Estos módulos permiten a cada familia adecuar su casa según sus necesidades, con la posibilidad de extenderse de una manera limpia, ordenada y con un bajo costo de operación.

La vivienda se adecua perfectamente al terreno. Debido a que cuenta con una pendiente pronunciada, se dispusieron medios niveles con los que se creó una circulación vertical centralizada. Así, los módulos se van asentando sutilmente sobre las curvas de nivel sugeridas por la topografía natural del terreno. Desde una estructura metálica primaria roja, que va ligando estructuralmente cada uno de los módulos, se generan grandes ventanales que se iluminan y ventilan por medio de un área verde privativa, la cual brinda un espacio tranquilo y aislado. A partir de estos medios niveles se crean espacios de dobles alturas y grandes ventanales, así como un *roof garden* que permite tener un panorama del entorno.

La idea de crear espacios abiertos y continuos nos dio la oportunidad de utilizar pocos muros; éstos funcionan para contener las áreas de aseo que se proponen al centro del proyecto y hacen más eficientes las instalaciones, a la vez que generan un núcleo central que aporta mayor rigidez a toda la estructura.•

The conceptual proposal is based on the intention to generate 15m² modules, where each of the architectural project areas develops and through which open and continuous spaces are generated. These modules allow each family to adapt their home according to their needs, with the possibility to expand in a clean, orderly manner with low operating costs.

The living space is perfectly adapted to the property. Since it has a decided slope, half levels were arranged in order to generate a centralized vertical circulation. This allowed the modules to settle subtly on the contours suggested by the property's natural topography. Starting from a primary red metal structure that structurally links each of the modules, large picture windows are generated that illuminate and ventilate via a private green area, which provides a calm and separate space. The half levels thus generate double-height spaces and large picture windows, in addition to a roof garden that provides a panoramic view of the surroundings.

The idea of creating open and continuous spaces provided the opportunity to use only a few walls, which serve to contain the cleaning areas that are proposed at the center of the project and make the installations more efficient, while creating a central nucleus that provides greater rigidity to the entire structure.•

Craft Arquitectos

Habitar
por módulos

Proyecto arquitectónico Architectural Design **Craft Arquitectos / Alan Rahmane A.** Colaboradores Project Team **Michelle Cadena, Álvaro Pérez, Betsy Rojas** Construcción Contractor **Grupo Constructor Geguba** Superficie construida Constructed Surface Area **200 m²** Fotografía Photography Cortesía **Craft Arquitectos, Grace Azar** Lugar Location **Atizapán, Estado de México, México** www.craftarquitectos.com

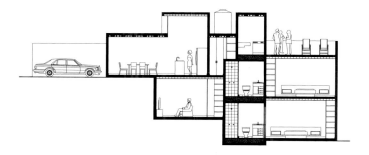

0   5m

Planta baja Ground floor plan

Sección Section

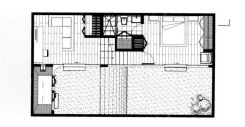

Planta sótano Basement plan

Planta primer nivel First level plan

El patio de tendido de la fibra de henequén fue uno de los espacios abiertos más importantes del casco de la Hacienda San Antonio Sacchich en Yucatán. Se trata de un extraordinario espacio de 45 por 140 metros aproximadamente, delimitado por altos muros de mampostería de piedra que lo aíslan del resto de la hacienda, construida a fines del siglo XIX.

La Casa Sisal se edifica en dicho patio para servir como vivienda independiente destinada a los huéspedes. Cuenta con dos recámaras, dos baños, estancia-comedor-cocina, alberca y terrazas. Consiste en un volumen austero y sencillo que se desfasa en dos planos para permitir la circulación de aire por sus cuatro costados. El partido se organiza a partir de una zona unitaria central, que alberga las áreas de estar y funciona como espacio flotante que puede transformarse en terraza. Cuatro hojas corredizas independientes de vidrio, y mosquitero de cuatro metros de ancho para cada una, se ocultan en los muros para formar una "boca libre" justo al centro del eje longitudinal del patio de tendido. Esta solución permite maximizar la ventilación natural, así como flexibilizar su uso y adaptarse a las severas condiciones del clima yucateco.

La arquitectura de esta nueva casa se contrapone al estilo ecléctico y orgánico de la antigua hacienda henequenera, sin dejar de hacer referencia a su situación dentro del casco. Esta estrategia se refuerza mediante la aplicación de un estuco preparado con la resina del árbol endémico *chukum*, como material único para el acabado en pisos, muros y techos.•

The henequen drying patio was one of the most important open spaces in the old section of Hacienda San Antonio Sacchich in Yucatan. This extraordinary space measures approximately 45 by 140 meters and is surrounded by high masonry walls which shelter it from the rest of this hacienda built in the late 19th century.

Casa Sisal was built on this patio as independent living quarters for guests; it has two bedrooms, two bathrooms, a living room/dining room/kitchen, swimming pool, and terraces. It consists of an austere and simple volume offset along two planes for air to circulate along its four sides. The arrangement of the program is based on a single central space which incorporates the living areas and acts as a floating space that can be transformed into a terrace. Four independent sliding glass doors, each with a four-meter-wide mosquito protection, disappear into the walls to form an open passage right in the middle of the drying patio's longitudinal axis. This design maximizes natural ventilation and adds flexibility of use, while making it adaptable to Yucatan's severe climate conditions.

The architectural style of this new house contrasts with the eclectic, organic style of the old henequen hacienda, while still referring to its position within the older part of the construction. This strategy is emphasized by the use of stucco prepared using the resin of the native *chukum* tree as the sole material used as a finish for the floors, walls, and ceilings.•

Reyes Ríos + Larraín arquitectos

Casa Sisal, Hacienda Sacchich

Proyecto arquitectónico Architectural Design **Salvador Reyes Ríos, Josefina Larraín Lagos** Reciclaje y diseño interior Recycling and Interior Design **Reyes Ríos + Larraín arquitectos** Ingeniería estructural Structural Engineering **Eme Constructora, S.A. de C.V.** Construcción Contractor **Raúl Quintal, Eme Constructora, S.A. de C.V.** Superficie construida Constructed Surface Area **202 m²** Fotografía Photography **Pim Schalkwijik** Lugar Location **Seyé, Yucatán, México** www.reyesrioslarrain.com

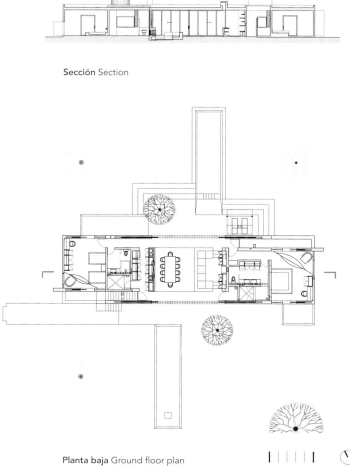

Sección Section

Planta baja Ground floor plan

0   5m

El proyecto es una pequeña sala de exhibición y centro de diseño para una empresa de muebles de oficina. El sitio del proyecto está dentro de un predio comercial donde se manufacturan los muebles de la empresa Ofimodul, en Monterrey, Nuevo León.

En este espacio se debía reunir el primero y último pasos de la cadena de manufactura de los muebles: la etapa de diseño, la sala de exhibición y las ventas. Se optó por realizar una intervención que pusiera de manifiesto cada programa del edificio mediante una operación constructiva que trascendiera en la estructura del sitio, compuesto por el edificio de manufactura (fábrica) y por el patio de maniobras de los vehículos de carga y el estacionamiento, ambos en el mismo predio.

Por lo tanto, el edificio está formado de dos partes: una da hacia el patio exterior del predio y la otra está incrustada en la fábrica. Cada una está separada de la otra por un nivel diferente del suelo y por un núcleo de servicios básicos. La parte exterior del edificio se construyó sobre un antiguo espacio de estacionamiento, como condición de que el mismo programa fuera tomado en cuenta en la intervención. Así, el volumen se eleva sobre los autos de directivos y clientes, y se conecta con la parte interior del edificio, construido sobre un antiguo espacio de almacenamiento de la fábrica que ahora se utiliza para las áreas de diseño y monitoreo de lo que sucede dentro de la nave industrial, donde se manufacturan los muebles. Para ambas actividades se necesitaba un alto grado de aislamiento sonoro.•

The project is a small showroom and design center for an office furniture company, located within commercial premises where Ofimodul manufactures its furniture in Monterrey, Nuevo León.

This space had to link the first and last stages in the furniture manufacturing process: from the design to the showroom and sales area. The aim was to clearly reveal each program of the building with a building operation that would articulate the structure of the site, consisting of a manufacturing building (factory) and a maneuvering yard for goods vehicles, as well as a parking area, all on the same plot.

The building therefore has two parts: one overlooking the plot's exterior patio and the other inserted into the factory. Each is separated from the other by a change in ground level and by a nucleus of basic services. The building's exterior was built over an old parking area, on the condition that the same program was respected in the intervention. As a result the volume is elevated above the directors' and clients' garage, and is connected to the building's interior, built on the factory's former storage area and now used by the design department and for the supervision of activities on the furniture factory floor. Both activities require a high level of acoustic insulation.•

stación-ARquitectura Arquitectos

Showroom Ofimodul

Proyecto arquitectónico Architectural Design stación-ARquitectura Arquitectos + Armando Cantú Colaboradores Project Team César Augusto Guerrero Rodríguez, Armando Cantú, Ana Cecilia Garza Villarreal, Carlos Raúl Flores Leal, María Sevilla Gómez Ingeniería estructural Structural Engineering José Román Cuellar Construcción Contractor stación-ARquitectura Arquitectos + Armando Cantú Superficie construida Constructed Surface Area 272 m² Fotografía Photography Eduardo Hernández Lugar Location Monterrey, Nuevo León, México www.stacion-arquitectura.com

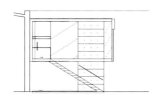

Sección transversal Transversal section

Sección longitudinal Longitudinal section

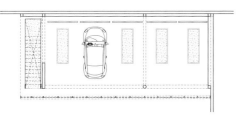

Planta baja Ground floor plan

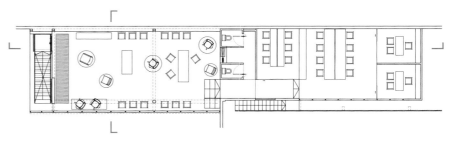

Planta alta Upper level plan

0   4m

Las cualidades espaciales de la Casa QRO se derivan del intento de sintetizar las oportunidades que ofrece el contexto inmediato, con las dinámicas espaciales y temporales de la vida diaria del cliente, desarrolladas dentro de un programa que resuelve las necesidades propias de una residencia, junto con un generoso espacio para el trabajo en casa, así como el desarrollo cultural y artístico.

La casa se desplanta sobre un volumen rectangular semienterrado, de concreto y acero, que ocupa prácticamente todo el solar. Esta inmensa plataforma maciza compensa el desnivel ascendente del terreno: al frente controla el acceso y, al fondo, relaciona de forma directa el área social de la casa con el área verde de donación del fraccionamiento. Las habitaciones tienen privacidad absoluta al "esconderse" en su interior y asomarse todas a un acogedor jardín privado.

Sobre este basamento horizontal, cuyos techos se aprovechan en su totalidad como áreas terraceadas y espejos de agua, se despliega el área social. El límite entre su parte interior y exterior, y el contexto mismo, es definido sutilmente mediante un volumen de vidrio.

La tercera cualidad espacial, propia de las áreas de trabajo y estudio, se da dentro de la misteriosa caja hermética que "vuela" en el último nivel. Toda relación con el exterior ocurre únicamente a través del cénit.•

Casa QRO's spatial qualities stem from the intention to synthesize the opportunities offered by the surrounding area with the spatial and temporary dynamics of the client's everyday life, developed within a program that has all the requisite elements for a home, together with ample space for working at home, as well as cultural and artistic activities.

The house sits atop a semi-buried rectangular concrete-and-steel volume which occupies almost the entire site. This immense, solid platform compensates for the plot's rising slope: the entrance is at the front and, at the rear, the living area connects directly to the green space borrowed from the residential development. The bedrooms are entirely private, "hidden" in the interior and all overlook an intimate private garden.

The communal area is located on this horizontal base, the roof of which is used in its entirety as terraced areas and reflecting pools. A glass volume subtly defines the limit between its interior and exterior and the surroundings themselves.

The third spatial element is found in the working and study areas, with a mysterious hermetic box that "flies" on the top floor. A skylight provides the only relationship with the exterior.•

MESH / Miguel Sánchez

Casa QRO

Proyecto arquitectónico Architectural Design **MESH / Miguel Sánchez** Colaboradores Project Team José Pérez, Iván Avilés, Arturo Borjón, Jorge Jáuregui, Cristina Osorio Ingeniería estructural Structural Engineering **Fernando Castillo** Construcción Contractor **Tectoni[KA]** Instalaciones Installations **VIPA** Superficie construida Constructed Surface Area **295 m²** Fotografía Photography **Antonio Vilchis** Lugar Location **Cumbres del Lago, Juriquilla, Querétaro, México** Fecha Date **2009**

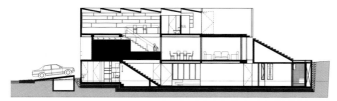

Sección A–A' Section A–A'

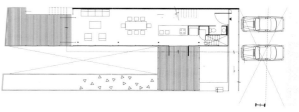

Planta baja Ground floor plan

Sección B–B' Section B–B'

Sección C–C' Section C–C'

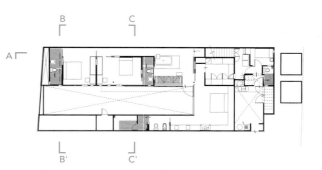

Planta semisótano Basement plan

0   4m

La casa R+CH está ubicada en un pequeño enclave urbano denominado Guadalajarita, en el municipio de Zapopan, Jalisco, en los límites con la ciudad de Guadalajara.

Ocupa un terreno en esquina que, junto con las orientaciones y las vistas posibles, definieron su configuración espacial. Ésta tiene como objetivos: aprovechar al máximo los paisajes hacia la masa arbolada de la contra esquina, sin perder la privacidad, y lograr un recorrido lo más largo posible para descubrir esta vista. Las áreas más privadas del programa, como las recámaras y las de servicio, se dispusieron en volúmenes cerrados para servir como vestíbulos a las áreas públicas —estancia, comedor y estudio—, definidas a su vez por estos volúmenes y planos sueltos. Estas áreas dan hacia el patio central y quedan integradas a su espacio por medio de la cancelería que se abre en esquina. La escalera para subir a la terraza en la azotea define uno de los costados de este patio y se colocó en una de las dos fachadas principales como elemento distintivo de la composición.

Los elementos estructurales de acero y el entrepiso del estudio en madera plantean un contraste con las masas de aplanados en blanco y su basamento correspondiente en piedra laja. El hecho de que la esquina no forme un ángulo de 90 grados se aprovecha en la fachada de acceso mediante un juego de planos y volúmenes desfasados que hace evidente y dramatiza esta circunstancia.●

Casa R+CH is located in a small urban neighborhood called Guadalajarita, in the municipality of Zapopan, Jalisco, on the outskirts of the city of Guadalajara.

The house's corner plot position, together with its orientations and possible views, defined its spatial configuration. This seeks to take full advantage of the surroundings, looking onto the grove of trees at the opposite corner, without sacrificing privacy, and to make the circulation route as long as possible for this view to be opened up. The program's most private areas, such as the bedrooms and service areas, were arranged in closed-off volumes to act as vestibules for the public areas—living room, dining room, and study—that are defined in turn by these volumes and independent planes. These latter areas adjoin the central patio, accessible through screens opening at the corner. The staircase leading to the roof terrace demarcates one side of this patio and is placed on one of the two main façades as a distinctive element of the composition.

The structural steel elements and the study's wooden mezzanine contrast with the plastered white masses and corresponding slabstone bases. The fact that the corner of the entrance façade does not form a right angle is dramatized and highlighted by a system of planes and volumes that are offset from each other.●

Axel Arañó

CASA R+CH

Proyecto arquitectónico Architectural Design **Axel Arañó** Colaboradores Project Team **Marisa Egea, Roberto Ortega, Alejandro Herrera** Ingeniería estructural Structural Engineering **Grupo SAI** Construcción Contractor **GCX, Pablo Calva** Superficie construida Constructed Surface Area **296 m²** Fotografía Photography **Jaime Navarro** Lugar Location **Zapopan, Jalisco, México**

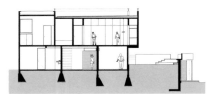

Sección transversal Transversal section

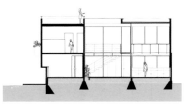

Sección longitudinal Longitudinal section

0   5m

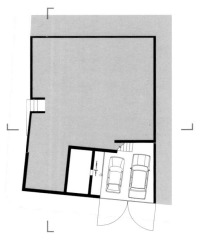

Planta sótano Basement plan

Planta baja
Ground floor plan

Planta alta
Upper level plan

Con la doble intención de garantizar las vistas a la serranía y otorgar a las áreas de estar un contacto con el exterior, se colocó un cubo de diez metros, a diez metros del límite de la calle, suscitando la lógica de dividir el terreno en cuatro franjas de cinco por diez metros. Esta fragmentación permite incorporar el jardín como el vacío que articula la relación entre el volumen de la casa y el volumen de acceso.

En la planta baja, en eje con el acceso principal, y a 15 metros del límite con el exterior, un cambio de material en el piso anuncia la entrada al área privada: un pasadizo que enmarca el ascenso lineal hacia al vestíbulo de las recámaras secundarias, de donde se descubre el espacio de mayor altura: 7.5 metros libres para permitir la entrada de un rayo de luz que traza el recorrido del sol por los muros que confinan la torre. Este vacío recibe una escalera que plantea un ascenso continuo hacia la recámara principal.

El carácter que la casa dicta al exterior se atribuye a la sobriedad de sus cuatro planos, los cuales se distinguen por los cambios de alturas y la disposición de sus vanos, que revelan la relación que cada habitación establece con el entorno en busca de un posible horizonte e iluminación específica. Esta sobriedad volumétrica se complementa con la sucesión de luz y sombra.•

A 10m³ cube was placed ten meters back from the street, with a double purpose: to guarantee good views towards the mountains and to bring the living area into contact with the exterior, dividing the plot into four 5-by-10-meter strips. This fragmentation incorporates the garden as the void that articulates the relationship between the volume of the house and the entrance volume.

On the ground floor, along the same axis as the main entrance, and 15 meters from the outer edge, a change in floor material demarcates the private area: a passageway that frames the linear ascent toward the vestibule outside the secondary bedrooms, underneath the house's highest space—7.5 meters that allow rays of sunlight to trace the sun's arc along the tower's interior walls. This empty space houses a staircase that leads right up to the master bedroom.

The sobriety of its four planes dictates the exterior character of the house, and these planes are distinguished by their changing heights and the arrangement of the openings that reveal the relationship between each bedroom and the surroundings, searching for a possible horizon and a specific lighting quality. This tight volumetric control is complemented by the succession of light and shadow.•

Dear Architects

Casa 4 Planos

Proyecto arquitectónico Architectural Design **Dear Architects** Colaboradores Project Team **Margarita Flores, Rubén Octavio Sepúlveda Chapa, Abel Salazar, Lorena Darquea, Ana Paulina Reyes** Superficie construida Constructed Surface Area **300 m²** Fotografía Photography **Karen Mendoza, Dear Architects** Lugar Location **Santa Catarina, México** www.deararchitects.com

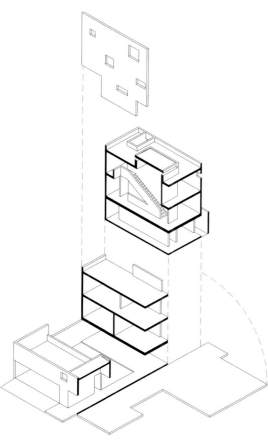

Isométrico explotado Exploded isometric view

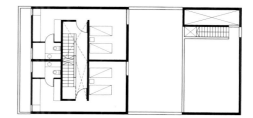

Planta nivel 2 Level 2 plan

Planta nivel 1 Level 1 plan

Planta baja Ground floor plan

0   5m

El proyecto de la Casa Limoneros surgió a partir de un requisito: una casa con patio central; una condición de emplazamiento: adaptarse a la geometría de un terreno trapezoidal y abrir las vistas hacia una barranca frondosa; y una idea puntual: que todo el proyecto se organizara en torno a un muro de piedra aparente que recorre la construcción desde el acceso hasta el jardín. Las tres reglas se cumplieron al lograr que las dos crujías principales, la del espacio público (sala y comedor) y la del espacio privado (recámaras, sala de estar y estudio), confluyeran tanto en el muro como en el patio, y que sus espacios principales se abrieran hacia el jardín y hacia la barranca. La tercera crujía aloja los espacios de servicio. Los materiales utilizados son pocos: madera en las estructuras de techumbres, pisos y puertas; cancelería metálica y muros de tabique pintados de blanco, materiales lo suficientemente neutrales como para que la presencia del muro de piedra adquiera mayor importancia.

La casa reconoce a los verdaderos protagonistas —el jardín y la barranca— y trata de sacar el mayor provecho de sus vistas, al intentar que todos los espacios principales se sientan integrados al paisaje. Por otro lado, el patio central, en vez de competir, adquiere una escala menor, de recogimiento, como si fuera un pequeño claustro que funciona como acceso y lugar de transición hacia las tres crujías.•

The Limoneros House project came about from a three-fold requirement: a house with a central patio; a site-based condition— it had to adapt to the geometry of a trapezoidal property and have windows overlooking a leafy ravine; and a precise idea— that the entire project would be organized around a bare stone wall that would extend the length of the building from the entrance to the garden. These three conditions were met by having the two main bays, the public space (living and dining room) and the private space (bedrooms, family room and study) converge on the wall as well as on the patio, and by designing both main spaces to open onto the garden, facing the ravine. The third bay houses the service spaces. The materials used were few: wood in the roof structures, floors and doors, metal window frames and white painted brick walls; materials that were sufficiently neutral to afford the presence of the stone wall greater impact.

The house recognizes the true protagonists – the garden and the ravine – and the proposal exploits the views to the fullest by trying to integrate all of the main spaces into the landscape. On the other hand, instead of trying to compete, the central patio acquires a lesser, introspective scale, as though it were a small cloister functioning as an access point and transition space toward the three bays.•

Cano|Vera Arquitectura

Casa Limoneros

Proyecto arquitectónico Architectural Design Cano|Vera Arquitectura, Juan Carlos Cano, Paloma Vera Construcción Contractor Cano|Vera Arquitectura, Alejandro Aguilar (albañilería), Rigoberto Guzmán (instalaciones), Eduardo Enríquez (carpintería), Jorge González (herrería) Superficie construida Costructed Surface Area 320 m² Fotografía Photography Cano/Vera Lugar Location Cuernavaca, Morelos, México www.canovera.com

Sección longitudinal Longitudinal section

Sección transversal Transversal section

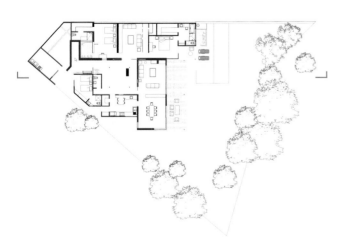

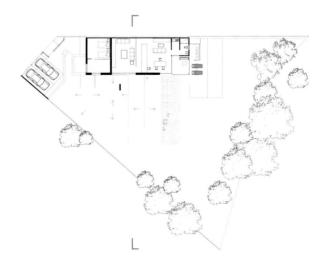

Planta baja Ground floor plan

0   10m

Planta primer nivel First floor plan

Un sistema de diseño en dos sentidos, ortogonal y curvilíneo, define el partido arquitectónico de la Casa Ajijic, en Jalisco. A partir de cuatro cubos que se intersectan entre sí se configura el primer sistema de la vivienda, cuyos intersticios se erigen como espacios de transición para identificar el acceso principal y la terraza con vista al Lago de Chapala.

Los cuatros cubos determinan los espacios de la casa, proyectada para un familia de tres integrantes. Cada cubo fue emplazado de forma distinta para traslapar las aristas de su perímetro con el fin de generar una relación intrínseca entre los espacios interiores y el paisaje circundante. El segundo sistema con base en un trazo de círculos concéntricos complementa la disposición de los cuatro cubos. Estas tres circunferencias configuran el entorno natural para contener la arquitectura que convive con su contexto.

El diseño arquitectónico de ambos sistemas fue determinado por la estructura y materiales locales, por lo que se usó tierra compactada *in situ*. Además de ser parte de la estructura y acabado final para las tonalidades de la casa, este sistema constructivo permite un acondicionamiento térmico y lumínico al interior. En el interiorismo intervinieron los artistas mexicanos Rodolfo Díaz, Marco Rountree y Cynthia Gutiérrez, quienes crearon la composición de los baños, con mosaicos de cerámica pintados con distintos matices, así como la relación de estas áreas con el exterior, a través de filtros de luz en cristales y ventanas. Para la iluminación artificial sólo se colocaron seis lámparas diseñadas por el artista cubano Jorge Pardo.•

The Ajijic House in Jalisco employs a dual architectural design that combines straight lines and curves. Four intersecting cubes comprise the first system of the house, with interstices as transitional spaces to mark the main entrance and a terrace with views over Lake Chapala.

The four cubes define the spaces for a home designed for a family of three. Each cube was positioned differently such that the intersecting edges on the perimeter overlap, generating an intrinsic relationship between the interior spaces and the surrounding landscape. The second system is based on concentric circles that complement the arrangement of the four cubes. These three circumferences shape the natural surroundings to contain the design, which thus coexists with its environs.

The architectural design of both systems was determined by structural considerations and local materials, using rammed earth taken from the site itself. This construction system not only forms part of the structure and the surface finish that gives the home its different hues, but also optimizes thermal and lighting conditions inside. Mexican artists Rodolfo Díaz, Marco Rountree and Cynthia Gutiérrez collaborated on the interior design of the bathrooms. They created ceramic mosaics painted in different hues and related these spaces to the outdoors through the use of light filters on the windows. Artificial lighting is provided by just six lamps, custom designed by Cuban artist Jorge Pardo.•

Tatiana Bilbao

Casa Ajijic

Proyecto arquitectónico Architectural Design **Tatiana Bilbao** Colaboradores Project Team **Thorsten Englert, Damián Figueras, Adriana Carvalho, Alejandro Cabrales, Marco Robles** Ingeniería estructural Structural Engineering **Jorge Cadena** Constructor Contractor **Enrique Cabrera** Superficie construida Constructed Surface Area **341 m²** Fotografía Photography **Iwan Baan** Lugar Location **Lago de Chapala, Jalisco, México**

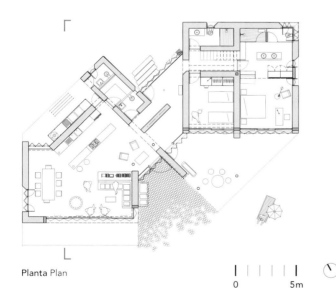

Planta Plan

0   5m

Sección Section

Inspirado por un patrón favorito del cliente, un diseñador de moda y con referencia a la manera en la que toma las medidas de la tela para crear un vestido, la casa está envuelta en una pared de hormigón de color rojo que, como un vestido, la adorna, cubre, da estructura, protege, sensualiza y personaliza. El tono de la envoltura se deriva del color rojizo de la tierra cordobesa.•

Inspired by a favorite pattern of the client—a fashion designer—and in reference to how cloth measurements are taken for garments, the house is clad in a wall of red concrete which, like a dress, decorates, covers, structures, protects, sensualizes, and personalizes. The color of the membrane is derived from the red of the local soil.•

OPEN Arquitectura

Casa Tress

Proyecto arquitectónico Architectural Design OPEN Arquitectura: Carlos Ramos de la Medina, Luis Manuel Herrera Gil, Ricardo Fernández Rivero Colaboradores Project Team Jorge Irula Lutzow, Diego de Jesús Perera Ochoa, Éder Ferreira Ochoa, José Miguel Castro de la Luz Ingeniería estructural Structural Engineering Carlos Caballero, Juan Sisquella Construcción Contractor Constructora Gruvelsa Superficie construida Constructed Surface Area 329.60 m² Fotografía Photography Luis Gordoa Lugar Location Córdoba, Veracruz, México www.openarq.com

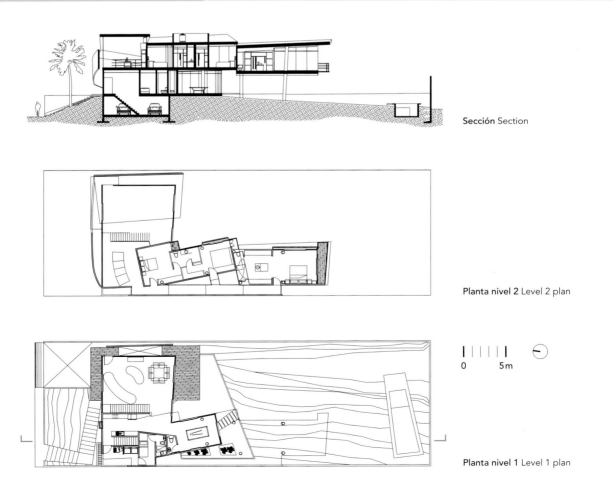

Sección Section

Planta nivel 2 Level 2 plan

0   5m

Planta nivel 1 Level 1 plan

El centro gerencial y operativo de la empresa alemana Krauss Maffei se ubica en el Parque Industrial Benito Juárez, en Santiago de Querétaro. Se desplanta al interior de una nave industrial cuya estructura no podía ser intervenida.

Un volumen en dos niveles y estructura propia, con posibilidad de ser desmontable, se repliega a lo largo de la nave, permitiendo el mayor espacio libre posible para la exhibición y maniobras de maquinaria de hasta 50 toneladas. Su fachada y forma, así como la elección de los materiales, son el resultado del estricto funcionamiento del programa requerido, así como de la simplificación de las circulaciones, que muestran al visitante el camino a tomar.

Dicho programa cuenta con *call center,* dos *showrooms,* área de capacitación (donde se diseñó el mobiliario), cocina-comedor, bodega pesada, diversas oficinas para 25 personas y sala de juntas, así como sus respectivas áreas de servicio.

La lámina corrugada que se utilizó en la fachada le confiere privacidad y seguridad, y resguarda de cualquier accidente al personal en la bodega. La transparencia de la fachada de cristal, que separa las oficinas del *showroom,* permite una constante comunicación visual entre las tareas administrativas y técnicas.●

The German company Krauss Maffei's management and operations center is located in the Benito Juarez Industrial Park in Santiago de Querétaro. The project stands within industrial premises whose structure could not be altered.

The two-story volume has its own structure and can be disassembled; it stretches the length of the premises in order to leave the largest possible space for the display and maneuvering of machines weighing up to 50 tons. The façade, shape, and choice of materials were all conditioned by the strict requirements of the program and by the simplification of circulations which clearly show visitors the route to take.

The program has a call center, two showrooms, a training area (for which the furniture was designed), a kitchen-cafeteria, a warehouse, various offices for 25 people, a meeting room, and the respective service areas.

Corrugated iron sheeting was used on the façade for privacy and safety, helping to protect warehouse personnel from accidents. The transparent glass façade which separates the offices from the showroom provides constant visual communication between the administrative and technical areas.●

CasaPública

KM-QRO

Proyecto arquitectónico Architectural Design **CasaPública: Pamela Moreno Caballero / Patricio Guerrero Colaboradores** Project Team **Rodrigo Durán, Daniel Ibarra, Sara Villanueva Construcción e ingenierías** Contractor and Engineer **EstructurArq Carpintería** Carpentry **Tandemex (Víctor Meizner) / Diseño en Madera (Ricardo Jarillo) Superficie construida** Constructed Surface Area **350 m² Fotografía** Photography **Rafael Gamo Lugar** Location **Parque Industrial Benito Juárez, Santiago de Querétaro, Querétaro, México www.casapública.com**

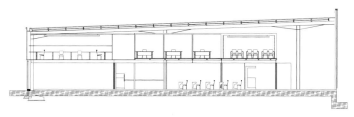

Sección Section

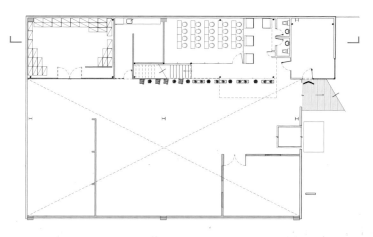

Planta nivel 1 Level 1 plan

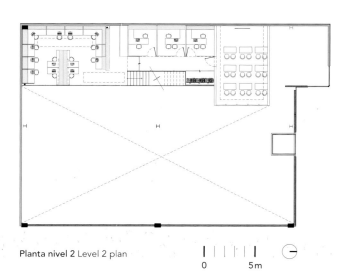

Planta nivel 2 Level 2 plan

0   5m

La casa no podrá depender de las relaciones que el entorno ofrece. De esta manera, se propone la utilización de uno de los recursos más eficaces de la arquitectura: el patio. Queremos crear la posibilidad de controlar la iluminación, la ventilación y las vistas por medio de un patio activo, no ornamental. Recordamos no sólo la arquitectura vernácula de la región, con sus patios porticados, sino también su origen en la domus romana. De esta manera, la casa podrá vivir hacia dentro y evitar las agresiones del entorno. La transformación principal con respecto al arquetipo consiste en la transparencia del patio a través de su fachada acristalada: límite o cierre lateral del espacio transparente y practicable.•

The house cannot rely on the available surrounding conditions. For this reason we propose to use one of the most effective architectural resources: the courtyard. We wish to create the possibility of controlling the light, ventilation and views by using a working, rather than merely ornamental, courtyard. This will not only be reminiscent of the region's vernacular architecture, which uses porticoed courtyards, but also of its origin in the Roman *domus*. In this way, the house can function from the inside whilst avoiding the harsh environmental conditions. The main difference from the "archetype" will be the transparency of the courtyard thanks to its glass walls: a lateral limit or closing off of a transparent and practical space.•

Alejandro Guerrero

Casa con Impluvium

Proyecto arquitectónico Architectural Project Alejandro Guerrero / ARS° Atelier de Arquitecturas Colaboradores Project Team Benjamín Pérez Estrada Construcción Contractor Víctor Manuel Torres García Superficie construida Constructed Surface Area 360 m² Fotografía Photography Andrea Soto Morfín Lugar Location Puerto Vallarta, Jalisco, México www.atelierars.com

Sección Section

Planta alta Upper level plan

Planta baja Ground floor plan

0   20m

El proyecto nació de la voluntad de construir un espacio con múltiples relaciones entre interiores y exteriores que, sin embargo, conservara cierta intimidad para el desarrollo de dos disciplinas de trabajo.

El programa se definió con la idea de contener dos estudios, uno de arquitectura y otro de diseño gráfico, y de hacer del proyecto un trabajo multidisciplinario en el que se mostrara una imagen sólida, en sintonía con las actividades que ahí se realizan. Ésta es una de las razones por las que se experimentó con la inclusión de diseño gráfico al elemento construido (por ejemplo, se tatuó el concreto y se aplicaron gráficas interiores).

Un patio central configura y articula los espacios de trabajo, reunión y descanso de las oficinas, a la vez que proporciona luz y ventilación naturales, lo que permite la continuidad visual entre una oficina y otra, y acentúa la sensación interior de amplitud.

Un elemento muy importante del proyecto es la fachada, una especie de piel con perforaciones de varios diámetros, que otorgan un gesto propio a la superficie alabeada, la convierten en una fachada que se ilumina, emite luz y tiene distintas apariencias durante el día y la noche, de acuerdo con las actividades que se desarrollan en el interior.

Esta segunda piel cubre las necesidades de transparencia y opacidad hacia el interior. Aunque cada pieza es distinta, la lógica constructiva general es constante.•

The project was born of the desire to build a space that offers multiple relationships between interiors and exteriors yet still preserves a certain level of privacy to enable two different types of work.

The program was designed to contain two studios, one for architecture and the other for graphic design, and for a multidisciplinary approach to give a solid appearance in harmony with the activities taking place inside. This is one explanation for the experimental use of graphic design elements in the construction itself (for example, the concrete was "tattooed" and graphics added to the interiors).

A central patio configures and articulates the working, meeting, and relaxation areas, at the same time as providing natural light and ventilation. This gives visual continuity between one office and the other, heightening the sense of interior space.

The façade—a type of membrane with perforations of various diameters that adds its own touch to the warped surface—is an important aspect of the project: it allows light to enter, emits light, and takes on a different appearance during daytime and at nighttime, depending on the work being done inside.

This secondary membrane meets the needs for transparency and opacity in the interior. Although each piece is unique, there is a constant overall constructional logic.•

Plataforma de Arquitectura

151 SA

Proyecto arquitectónico Architectural Design Plataforma de Arquitectura / Héctor Hernández Villegas y Flavio Alfonso Rodríguez Hernández Colaboradores Project Team Miroslava Gómez Sánchez, Fernando Sánchez Patrón, Tipos Libres, Estudio de Diseño Gráfico Ingeniería estructural Structural Engineering Miguel Bernal Rosiles Construcción Contractor Plataforma de Arquitectura, S.A. de C.V. Superficie construida Constructed Surface Area 380 m² Fotografía Photography César Rodríguez, MRH Fotografía, Plataforma de Arquitectura Lugar Location Santiago de Querétaro, Querétaro, México www.plataforma.com.mx

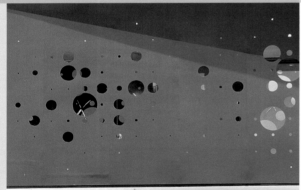

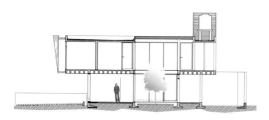

Sección B–B' Section B–B'

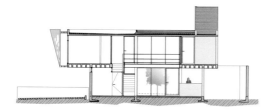

Sección A–A' Section A–A'

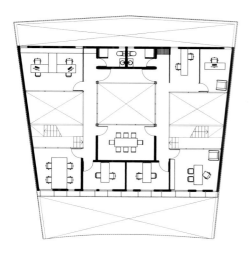

Planta alta Upper level plan

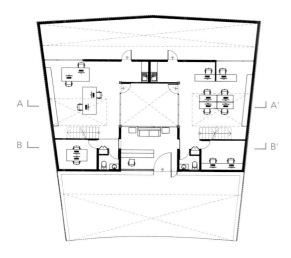

A ⌐ A'

B ⌐ B'

Planta baja Ground floor plan

0   5m

La propuesta surge a partir del deseo del cliente por una casa como "refugio urbano". El resultado fue un volumen ciego que vuela hacia la calle y una casa que se vive en el interior, con las vistas hacia patios y jardines.

El proyecto está pensado como una seriación del programa arquitectónico, ligado a una línea de recorrido que se manifiesta siempre con pasillos vivenciales.

Las áreas públicas en la planta baja están configuradas a partir de una planta libre, abierta hacia el jardín principal, donde los espacios se diferencian por los cambios de luz y altura, y cada uno es el indicado para su uso; ello genera además fluidez visual. Las áreas privadas, por su parte, son volúmenes independientes separados entre sí en la planta alta, con lo que se crean alturas dobles y patios.

Cada elemento del programa arquitectónico se diferencia por su materialidad tanto en planta como alzado: en las habitaciones se generan volúmenes de concreto volado hacia el jardín; los muros de carga son, igualmente, líneas de concreto; las zonas públicas y semipúblicas tienen pisos de mármol blanco, y en las áreas privadas, al igual que en las circulaciones que conectan a éstas, los pisos son de madera.•

The client's brief for an "urban shelter" defined the design: a blind volume juts out towards the street and the house is lived on the inside, with views onto patios and gardens.

The project is conceived as a serialization of the architectural program, linked to a circulation route that manifests itself as passageways that are also living spaces.

The ground-floor communal areas are open-plan and directly communicate with the main garden, where spaces are differentiated by changes in lighting and height, and each is designed specially for its particular use; this also generates visual continuity. The private areas are independent volumes separated from one another on the top floor, creating double heights and patios.

Each element of the architectural program is differentiated by the materials used for both the floors and walls: the bedrooms are concrete volumes that are cantilevered over the garden; the load-bearing walls are also lines of concrete; the communal and semi-communal areas have white marble floors, while wooden flooring is used in the private rooms and for the passageways connecting the two zones.•

M + N arquitectos

Casa RoHa

Proyecto arquitectónico Architectural Design M + N arquitectos (Guillermo Martínez Coghlan, María Eugenia Nava de Martínez) Colaboradores Project Team Guadalupe Loredo González, Gabriela Urbina Grande, Tadeo López Toledano, Steffano Schiavon, Silvia Trejo Ingeniería estructural Structural Engineering Ali Constructores Asociados Construcción Contractor Martínez Flores Arquitectos (primer fase), Constructora Monteblanco (segunda fase) Superficie construida Constructed Surface Area 406 m² Fotografía Photography Luis Gordoa Iluminación Lighting mn diseño e iluminación Lugar Location Villa Carmel, Puebla, Puebla, México

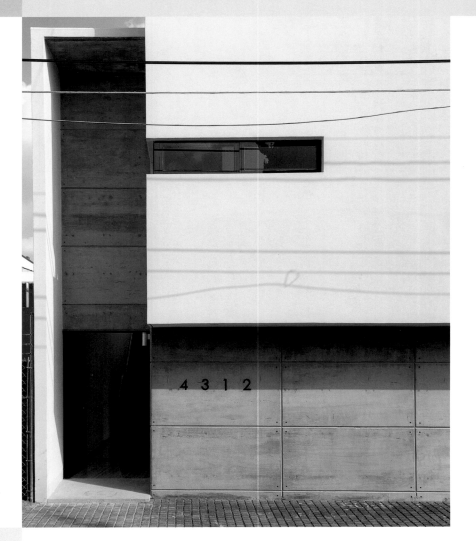

Sección transversal Transversal section

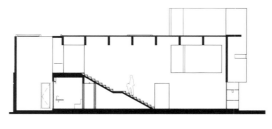

Sección longitudinal Longitudinal section

0   5m

Planta baja Ground floor plan

Planta nivel 1 Level 1 plan

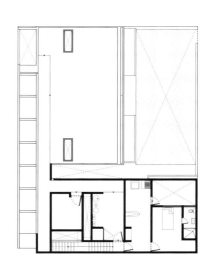

Planta nivel 2 Level 2 plan

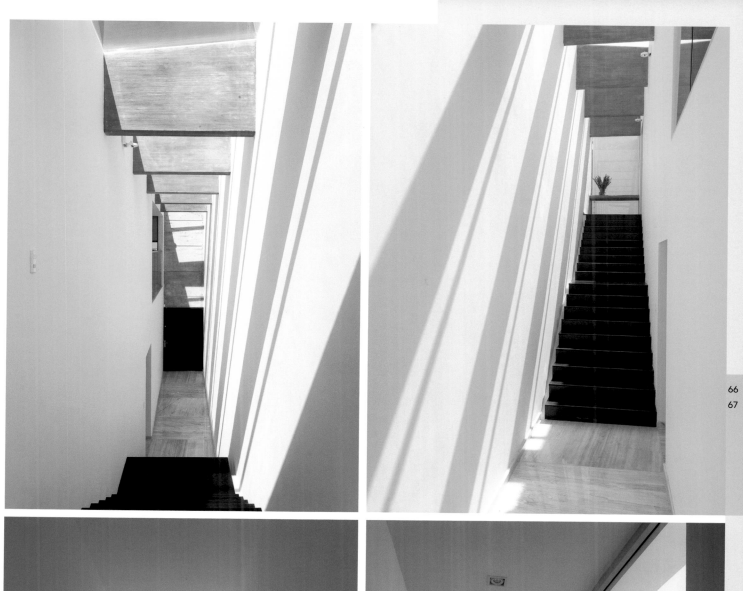

La casa está ubicada en el antiguo barrio de San Ángel, en la ciudad de México, en un contexto muy definido donde la vida ocurre en los interiores. A partir de la reinterpretación de la manera de vivir de los propietarios fue posible diferenciar las partes del programa, concebidas entonces como volúmenes sueltos abiertos hacia el jardín.

La separación de volúmenes se remarca por el cambio drástico entre luz y sombra, logrado a partir de aperturas de doble altura que dotan al espacio interior de un constante movimiento.

Mediante su proyección, las aristas de estos volúmenes se vuelven líneas estructurales que se extienden hasta el jardín y generan una gradual transición entre espacio exterior e interior. Este espacio transitorio responde a las necesidades del programa que buscaba un espacio exterior cubierto, donde tendrá lugar la mayor parte de la actividad social.

El cambio de materiales resalta esta idea: el ladrillo en el exterior contrasta con el aplanado fino de los muros interiores. Los materiales responden al contexto y la vista exterior de la casa prácticamente se pierde con la vegetación que actúa como envolvente. El jardín es el espacio esencial. Esta vida exterior penetra la casa en algunos lugares a través de las ranuras.•

The house is located in the old neighborhood of San Angel in Mexico City, in a well-defined setting where everyday life takes place indoors. Interpreting the owners' different lifestyle, it was possible to separate the various parts of the program, which were thus conceived as independent volumes, open to the garden.

The stark contrast between light and shade highlights the separation of volumes, an effect created by double-height openings that give a sense of continual movement to the indoor spaces.

The projected edges of these volumes become structural lines that extend into the garden and create a gradual transition between exterior and interior space. This transitional space meets the program's requirement for a covered outdoor area where most social activity will take place.

This idea is underscored through the change in materials: the brick on the exterior contrasts with the fine plaster finish to the interior walls. The materials respond to the context and the house's exterior practically merges into the surrounding vegetation. The garden is the heart of the project, and this outdoor life penetrates the house in places through slotted openings.•

DCPP arquitectos

Casa San Ángel

Proyecto arquitectónico Architectural Design DCPP arquitectos (Pablo Pérez Palacios, Alfonso de la Concha Rojas) Colaboradores Project Team Yuli Hernández, Carlos González Ingeniería estructural Structural Engineering Ricardo Camacho Construcción Contractor DCPP construcciones Superficie construida Constructed Surface Area 430 m² Fotografía Photography Onnis Luque Lugar Location México, D.F., México

Planta alta Upper level plan

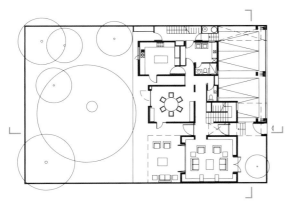

Planta baja Ground floor plan

Sección longitudinal Longitudinal section

Sección transversal Transversal section

0   5m

El proyecto de la casa se desarrolló en dos fases. La primera remodelación se realizó hace 10 años al transformar un antiguo volumen, con funciones de servicio anexo a una casa de los años sesenta, en la casa blanca, como espacio habitable para una pareja.

La segunda fase se llevó a cabo en 2010 pues la pareja, ya con tres hijos, necesitaba espacios distintos. En esta intervención se recurrió a la utilización de block de cemento negro como material principal. Se construyó un volumen sólido, con vanos, dependiendo del programa: servicios en planta baja y habitaciones en el segundo nivel; este bloque se conecta por un puente con la casa blanca.

Parte importante del proyecto fue integrar en un patio una torre de agua de más de 80 años, restaurada, y un gran fresno, mezclando lo industrial con lo natural. Al final del patio se construyó un pabellón de usos múltiples con vista al jardín.•

This residential project was developed in two phases. The first refurbishment took place 10 years ago with the transformation of an old volume that housed services as an annex to a 1970s house, into the white house, as the living quarters for a couple.

The second phase took place in 2010 after the couple —now with three children— required a different kind of space. This time around, black cinder block was used as the main construction material. A solid volume was built, with openings according to the program: services on the ground floor and bedrooms on the first floor. This block is connected by a bridge to the white house.

A major element of the project called for a restored 80-year-old water tower, as well as a large ash tree, to be integrated into a patio – mixing industry with nature. An outhouse with garden views was built at the rear of the patio as a multi-purpose space.•

Periférica / Rozana Montiel Saucedo

Casa Patinadores

Proyecto arquitectónico Architectural Design **Rozana Montiel Saucedo** Colaboradores Project Team **Alin V. Wallach, Aldo Espinobarros** Construcción Contractor **Factor Eficiencia** Superficie construida Constructed Surface Area **442 m²** Fotografía Photography **Ramiro Chaves** Lugar Location **México, D.F., México** www.perifericaarquitectura.com

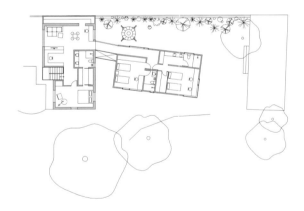

Planta alta Upper level plan

Planta baja Ground floor plan

0   10m

Sección longitudinal Longitudinal section

En las primeras laderas de los límites levantinos del Valle de Guayangareo, a 20 kilómetros de la ciudad de Morelia, Michoacán, se localiza esta finca en un desarrollo ecológico y campestre de baja densidad. Diseñada como un refugio natural privilegiado por su relativa proximidad con la urbe, esta vivienda, para una familia de cinco integrantes, propone un esquema desarrollado en dos grandes alas que se organizan estratégicamente en medio de la naturaleza circundante. Aunque vista en planta, esta vivienda tiene forma en L, su verdadera configuración está articulada por serpentines, definidas como líneas de dinámica mixta que crean un diseño en sección, de altura y posicionamiento variables, para obtener un programa estratificado.

Los distintos elementos del programa se acoplaron alrededor de los árboles preexistentes, mientras que en el diseño de las distintas atmósferas de la casa se optó por una zonificación en vertical, en la que los cuerpos que acogen las áreas públicas de la casa, tales como estancia, cocina y comedor, se ubican en el nivel de acceso y poseen las vistas predominantes. En las áreas inferiores a este nivel, hacia el lado sur del predio, se desarrollan los espacios que requieren más privacidad, como dormitorios, cava, un salón abierto de convivencia familiar, y otras zonas de descanso y servicio.

Adicionalmente, se diseñó un estudio aislado de los volúmenes, que funciona como un prisma abierto, lo cual destaca su condición prístina.•

This country house—built as a low-density ecological and rural development— is located in the foothills of the eastern reaches of the Valle de Guayangareo, 20 kilometers from the city of Morelia in the state of Michoacán. The house acts as a natural shelter relatively near the city. It is designed for a family of five and it has two large wings strategically arranged within its surroundings.

The house appears L-shaped in plan, but is actually articulated through coils, defined as lines of a mixed dynamic that create a design with variable sections, heights, and positions that combine to form a stratified program.

The various parts of the program were arranged around existing trees, and vertical zoning was chosen to differentiate the house's different parts. The public areas such as the living room, kitchen, and dining room are located on the entrance level and enjoy the best views. Meanwhile the more private areas —bedrooms, wine cellar, family room, and other spaces for relaxation together with the services—are all located on the lower floors, toward the southern end of the property.•

Laboratorio Binario de Arquitectura (LBA)

Finca Paraíso

Proyecto arquitectónico Architectural Design Laboratorio Binario de Arquitectura, Omar González Pérez, Hugo González Pérez Colaboradores Project Team Hugo Saev, Uriel Moreno Alatorre, Rafael Martínez Pérez, Zirahuén Ayala Mora, Lucie Rouvier, Ruth Mendoza Díaz, Delinda Yudit Mendoza Niño, Laura Marlene Calderón, Eunice Mabel López Construcción Contractor Laboratorio Binario de Arquitectura Superficie construida Constructed Surface Area 450 m² Fotografía Photography Luis Gordoa y Hugo González Pérez Lugar Location Charo, Michoacán, México www.lba.com.mx

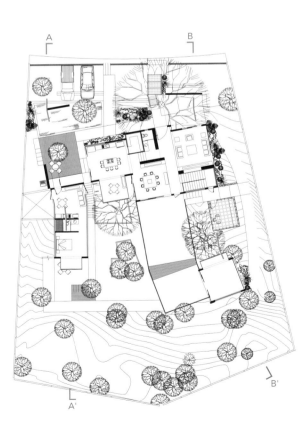

Planta nivel 1 Plan level 1

Planta nivel 2 Plan level 2

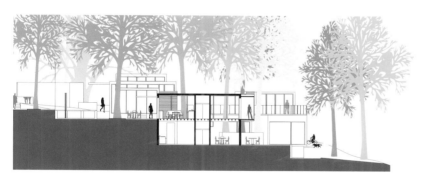

Sección A–A' Section A–A'

Sección B–B' Section B–B'

0   5m

Ubicado al sur de la ciudad de México, en un esbelto predio residual de ocho por treinta metros. Dado el extenso programa que los clientes solicitaron, las dos casas se resuelven entrelazadas e intercaladas dentro de los límites máximos de las restricciones permitidas, generando un gran cubo que se mimetiza con su denso entorno urbano "*kitsch* ecléctico chilango", desarrollado en los años setenta y ochenta.

El cubo flota para dar cabida a los accesos, estacionamientos y áreas verdes; se separa de una de sus colindancias para traslucirse y dar paso a la iluminación natural y a las circulaciones verticales; también se sustrae para crear un patio interior y, al igual que las caras exteriores, se *pixelea* para ubicar paramétricamente las ventanas, balcones y tragaluces. Los materiales usados en las fachadas provocan un juego de brillos y opacos, reflejos y sombras que, en combinación con la irregularidad de algunas marquesinas, realzan el efecto de asimetría. Pendiendo de lo alto de la fachada posterior, una escalera con reminiscencias de callejón neoyorquino conduce a la azotea del conjunto, que alberga un par de contenedores falsos, sobrepuestos, destinados a los servicios, en medio de una inmensa terraza dura donde crecerá un micro-bosque de liquidámbares, especie arbórea típica de la zona. Esta terraza refuerza la idea común de la utilización de las azoteas tradicionales como método para una reforestación gradual de la ciudad y de aumentar la calidad de vida del usuario al contar con estos espacios negados en 90% de las construcciones aledañas y que son volumétricamente similares.•

Located in the south of Mexico City, this duplex inhabits a narrow residual plot measuring eight by thirty meters. Given the extensive program requested by the clients, the two homes are linked and overlapped within the maximum limits of the permitted restrictions, generating a large cube that blends into its dense urban surroundings, described as "eclectic Mexico City kitsch" that developed in the seventies and eighties.

The cube floats to make room for the access road, parking areas and green spaces; it is set back from one of its boundaries to provide translucency and give way to the natural lighting and vertical circulations; subtractions are also made in order to create an interior patio and, like the exterior faces, it is "pixelated" to parametrically situate the windows, balconies and skylights. The materials used on the façades provoke the interplay of light and dark, reflection and shadow that, in combination with the irregularity of certain canopies, generate an asymmetrical effect. Sloping from the height of the rear façade, a stair reminiscent of a New York alley leads to the complex terrace, which houses a pair of false, superimposed containers, intended for services, in the middle of a large terrace where a micro-forest of liquidambar, a tree species native to the area, will grow. The terrace reinforces the popular idea of using traditional terraces as a way of gradually reforesting the city and improving the quality of life of the user, by providing these spaces that are absent in 90% of adjacent, volumetrically similar buildings.•

Darkitectura

Pixel 57

Proyecto arquitectónico Architectural Design **Julio Juárez Herrera, Darkitectura** Colaboradores Project Team **Rossy Chaidez, Alejandro Solano** Ingeniería estructural Structural Engineering **Joel Zacate** Construcción Contractor **Darkitectura** Superficie construida Constructed Surface Area **480 m²** Fotografía Photography **Yoshihiro Koitani** Lugar Location **México, D.F., México** www.darkitectura.com

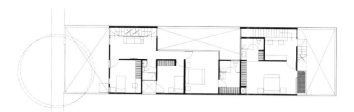

Planta nivel 2 Level 2 plan

Planta nivel 1 Level 1 plan

Planta baja Ground floor plan

0   5m

La idea central del proyecto fue replantear el acceso y mejorar la relación calle-galería en la Sala de Arte Público Siqueiros.

Se demolieron dos muros, incluyendo la fachada principal en su planta baja, con lo que se estableció una nueva conexión entre la calle y el interior del museo y los murales.

El acceso a este nuevo espacio se da a través de cinco puertas de cristal de piso a techo que se deslizan a todo lo ancho de la fachada, lo que permite distintas configuraciones de acceso y cerramiento.

Este nuevo espacio, comprimido y horizontal, sirve como transición entre la banqueta y calle y la doble altura del espacio de los murales. El acabado en pisos con pintura epóxica y estucado brillante en techo así como la iluminación paralela a la fachada, contribuyen a generar un espacio neutro, casi clínico a este antiguo garage.

En esta área de acceso, se reorganizan los servicios de taquilla, librería y café. Dentro de este espacio se localizan nuevas piezas de mobiliario a cargo de Héctor Esrawe.•

The essential idea of the project was to rethink the entrance area and improve the street-gallery relationship of the Siqueiros Public Art Gallery.

Two walls were demolished, including the main façade on the ground floor, establishing a new connection between the street, the interior of the museum and the murals.

Access to this new space is via five floor-to-ceiling glass doors which slide the full length of the façade, permitting different access and partitioning arrangements.

This new compressed horizontal space functions as a transition between the sidewalk and street and the double-height space housing the murals. The finishes – epoxy paint for the floors and gloss stucco on the ceiling – together with the illumination, parallel to the façade, combine to create a neutral, almost clinical space in this former garage.

In this entrance area the ticket desk, bookshop and café are reorganized. New items of furniture designed by Héctor Esrawe are placed within this space.•

arquitectura 911sc (Saidee Springall + Jose Castillo) + Héctor Esrawe

Proyecto arquitectónico Architectural Design Saidee Springall, Jose Castillo, Héctor Esrawe Superficie construida Costructed Surface Area 519 m² Fotografía Photography Rafael Gamo Lugar Location Ciudad de México, México

Sala de Arte Público Siqueiros (SAPS)

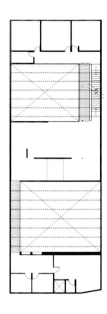

Planta baja Ground floor plan

Planta alta Upper level plan

Sección A–A' Section A–A'

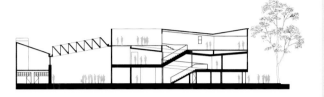

Sección B–B' Section B–B'

El concepto se inspira en nuestra historia, en el juego, la alegría cromática, el lenguaje de símbolos y el grafismo ilustrado de finales del siglo xix y principios del xx. El oficio de los rotulistas latinoamericanos, junto con la gráfica de los productos de las antiguas tiendas de ultramarinos y de raya, genera un lenguaje gráfico propio de una cultura rica en su historia pero siempre dispuesta a reinventarse y a reconquistar el mercado de manera poética, nostálgica, alegre, dinámica y muy diferenciada.

Su nombre proviene de la música popular mexicana. Inspirado en la canción "Cielito lindo", escrita en 1882 por el compositor mexicano Quirino Mendoza y Cortés, forma un juego de palabras con otra: "México lindo y querido". Esta yuxtaposición de ideas hace referencia al espíritu lúdico del lenguaje latinoamericano.

Cielito rescata el valor estético de la cultura popular latinoamericana y la reinventa en un estilo neoretro que fusiona la gráfica de la colonia, el fino manejo tipográfico de Francia y España y la Latinoamérica moderna, con la comunicación de las grandes tiendas departamentales de los años cincuenta (también importadas del viejo continente y de la mercadotecnia estadounidense), y en contraste con el lenguaje coloquial de los mercados y las tienditas, el cual se integra sutilmente con los anteriores para convertirlo en un producto muy actual, muy latino y universal.•

The concept is inspired by Mexico's history, its games, radiant colors, language of symbols and illustrations from the late 19th and early 20th centuries. The work of Latin American signwriters, and the graphics on packages found in general and company stores, combine to create a unique graphical language belonging to a culture with a wealth of history and which is always prepared to reinvent itself and reconquer the market – through its poetry, nostalgia, joie de vivre, vitality, and unique qualities.

The name is derived from popular Mexican music, and in particular from the song "Cielito Lindo", penned in 1882 by the Mexican composer Quirino Mendoza y Cortés, forming a play on words by combining it with another song: "México Lindo y Querido". This juxtaposition of ideas refers to the playful spirit of Latin American verbal expressions.

Cielito rescues the aesthetic value of popular Latin American culture and reinvents it in a neo-retro style that fuses together the graphical feel of colonial Mexico, the expert typographical work of France, Spain, and contemporary Latin America, with the image of the large department stores of the 1950s (also imported from the Old World and from US marketing techniques), in contrast with the slang used in markets and small mom-and-pop stores, which subtly blend in with the former to make the product very modern, very Latin, and universal.•

Ignacio Cadena y Héctor Esrawe

Cielito Querido Café

Proyecto arquitectónico Architectural Design **Ignacio Cadena y Héctor Esrawe** Colaboradores Project Team **Nora Cavazos Luna, Rocío Serna González, Sara Casillas, Ian Castillo, Jennifer Sacal, Roberto Escalante, Didier López, Irvin Martínez, Cynthia Cárdenas** Construcción Contractor **Sucursales Reforma, Tezontle y Centro Coyoacán: Ingeniería Orca, S.A. de C.V., Sucursales Lomas Verdes y Santa Fe: Obras y Acabados Comerciales, Sucursales Universidad y Delta: DMG Arquitectos, Sucursal Pabellón del Valle: Paleti Constructores** Superficie construida Constructed Surface Area **519 m²** Fotografía Photography **Jaime Navarro** Lugar Location **México, D.F., México www.esrawe.com**

Sección A' Section A'

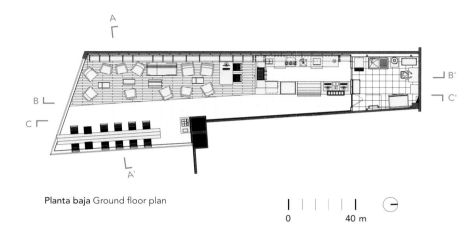

Planta baja Ground floor plan

0   40 m

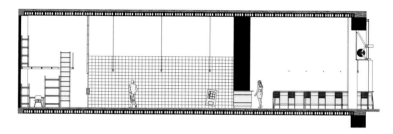

Sección B' Section B'

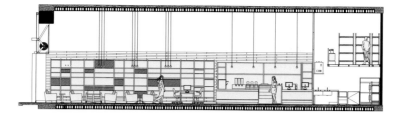

Sección C' Section C'

En un terreno de forma rectangular de 12 por 25 metros, se ubica la casa MO, al poniente de la ciudad de México. La casa vive hacia adentro. La fachada tiene sólo una ventana, cuyas proporciones no permiten descifrar su interior. Por el contrario, se trata de un "cubo" ciego que da señales de ser casa gracias a que tiene puerta. La casa se forma en tres niveles y medio y vive hacia un patio trasero. Todos los niveles están vinculados por un espacio de triple altura comunicado por una rampa y escaleras. Debido a sus proporciones y al juego con las mismas, la perspectiva se distorsiona, sobre todo en las circulaciones de la casa, lo cual convierte el recorrido en un divertimento necesario. Debido a ranuras, perforaciones y orificios presentes en el área, la luz desempeña un papel fundamental, y su apariencia es distinta minuto a minuto.●

Casa MO is on a rectangular, 12-by-15-meter plot, to the west of Mexico City. The house is turned in on itself. The façade has just one window, and with its small size it betrays nothing of the interior. For this is a blind "cube", and the door provides the only clue that it's actually a house. It has three and a half stories and is oriented toward its rear patio. Each story is linked by a triple-height space communicated via a ramp and stairs. Perspective is distorted by these proportions and the interplay between them, especially in the house's circulations, making it a necessary pleasure just to walk through it. Light plays a vital role with the slots, perforations, and orifices throughout the house, which alters its appearance throughout the day.●

Lucio Muniain et al

Casa MO

Proyecto arquitectónico Architectural Design **Lucio Muniain et al Colaboradores** Project Team Marielle Rivero, Jorge Arroyo, Luis Valdez **Ingeniería estructural** Structural Engineering **Lucio Muniain et al Superficie construida** Constructed Surface Area **520 m² Fotografía** Photography **Archivo Lucio Muniain et al Lugar** Location México, D.F., México www.lmetal.com.mx

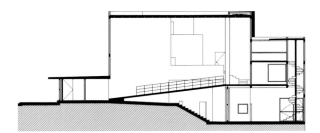

Sección Section

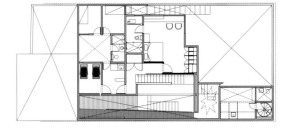

Planta nivel 4 Plan level 4

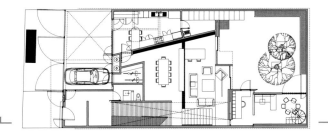

Planta nivel 2 Plan level 2

Planta nivel 3 Plan level 3

0   5m

El proyecto se ubica en un conjunto de casas de los años cuarenta que ocupa una manzana de la colonia Polanco, diseñado originalmente por el ingeniero Serrano. Se resolvió a partir de dos premisas que transformaron los múltiples espacios en un solo comedor de frente a fondo y de arriba abajo, sustituyendo los muros por espacios abiertos. La fachada se eliminó para dar paso a una celosía verde de cables de acero con plantas, que permite la entrada de aire y luz natural e integra el exterior con el interior. Se liberó el espacio central para generar un pulmón con una lona retráctil, que facilita la iluminación y la ventilación naturales.

El acceso lo forma un basamento pétreo que da base y fuerza a la planta baja, y contrasta con la transparencia de la celosía de cables de acero de los pisos superiores. Un muro de fresno perforado da origen a una celosía en uno de los extremos, a la vez que genera un corredor de acceso en la planta baja que delimita y forma el patio, el bar y un salón privado.

Las cavas se diseñaron en peinetas de fresno macizo a las que se les insertaron placas de acero para recibir botellas y copas. El resto del mobiliario —sillas, mesas, gueridones y percheros— se fabricó en una combinación de fresno macizo y placas de acero negro. Por último, las chimeneas se forraron con acero negro utilizando el desperdicio de pizarra para el relleno de chimeneas y jardineras.•

The project is located within a group of houses built in the 1940s to an original design by Serrano, on a block in the upscale Polanco neighborhood in Mexico City. The design was based on two premises that transformed the different spaces into a single eating area from front to rear, and from top to bottom, replacing walls with open spaces. The façade was removed to create a green latticework of steel cables entwined with climbing plants, providing natural lighting and ventilation and integrating the interior and exterior. The central space was freed up to create an open-air space with a retractable awning that helps increase natural lighting and ventilation.

A stone base was used for the entrance to provide a solid feel to the ground floor, and this contrasts with the transparency of the latticework of steel cables on the upper floors. At one end, a wall of perforated ash wood gives way to a screen that functions as an entrance corridor on the ground floor that encloses and demarcates the patio, bar, and private lounge.

The wine cellars were designed using lattices of solid ash wood, with steel plates inserted to hold bottles and glasses. A combination of solid ash wood and black steel plates is used for the other furniture—chairs, tables, *guéridons* and coat racks. Finally, the fireplaces were clad in black steel, with the waste slate chippings were used to fill fireplaces and planters.•

Entasis Arquitectos

Oca Restaurante

Proyecto arquitectónico Architectural Design **Alejandro de la Vega Zulueta, Ricardo Warman/Entasis Arquitectos** Construcción Contractor **Proyectos y Construcciones Condesa, S.A. de C.V./Óscar Mandujano, Juan López** Superficie construida Constructed Surface Area **538 m²** Fotografía Photography **Jaime Navarro** Lugar Location **México, D.F., México**

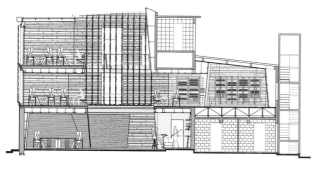

Sección Section

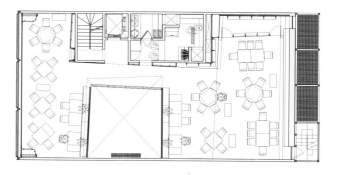

Planta nivel 3 Plan level 3

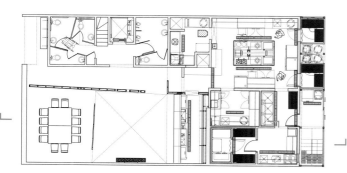

Planta nivel 1 Plan level 1

0   5m

Planta nivel 2 Plan level 2

El encargo del cliente fue transformar su penthouse en un espacio de esparcimiento y descanso. El trabajo de Ezequiel Farca incluyó el diseño de mobiliario, la especificación de muebles, la arquitectura interior y el detalle de materiales y acabados.

Los materiales se eligieron cuidadosamente para ser armónicos en un ambiente contemporáneo y cálido, combinando piedra serena con el mármol en todo el departamento. Se utilizaron colores claros, que se mezclan con un muro flotante de madera que divide la sala y comedor del área de la cocina y de las recámaras secundarias. La segunda planta incluye la *master suite* y una recámara secundaria. El espacio de ambas se resalta por la vista de cada una. En las amplias terrazas se agregaron tumbonas y pequeñas mesas con sillas de tela de toalla que le brindan al habitante una estancia confortable.●

The client brief was to transform the penthouse into a relaxing and recreational space. Ezequiel Farca designed the furnishings, furniture specifications, interior design, and detailing of materials and finishes.

The materials were carefully selected to blend into a contemporary and warm atmosphere, combining the serenity of stone with marble throughout the apartment. Light colors mix with a floating wooden partition wall that divides the living-dining room area from the kitchen and the secondary bedrooms. The master suite and another bedroom are on the second floor. The feeling of space of both is accentuated by the spectacular views afforded from each of these rooms. The spacious terraces are furnished with deckchairs, small tables and chairs upholstered in terry cloth to ensure a comfortable stay.●

Ezequiel Farca

Proyecto arquitectónico Architectural Design **GFA, GF+G, HOK Superficie construida** Constructed Surface Area **600 m² Fotografía** Photography **Paul Czitrom Lugar** Location **Acapulco, Guerrero, México**

Blu Diamante
Penthouse

Planta alta Upper level plan

Planta baja Ground floor plan

0   10m

El concepto de este espacio deportivo se define a partir de una estructura envolvente que contiene las áreas de la casa. Una cubierta de madera se extiende a un costado de la cancha de futbol y a la vez se mimetiza con el contexto natural, debido a la colocación de un techo verde que almacena agua de lluvia. La Soccer Villa integra amplios espacios que se relacionan entre sí: sala, comedor, área de juegos, sala de proyecciones, spa, cocina y una amplia terraza con vista a la cancha de futbol. Al interior, los ambientes cambian con sutiles intervenciones como espejos de agua, entradas de luz cenital, mamparas abatibles y un diseño paisajista que se vuelve parte de la esencia del proyecto.•

An enveloping structure that contains the house's living areas is the defining concept of this sports villa. A wooden roof extends along one side of the soccer pitch and blends in to the surroundings with its rainwater-capturing green roof. The Soccer Villa combines large, interconnected spaces: a living room, dining room, games room, movie theater, spa, kitchen and large terrace overlooking the soccer pitch. The feel of the interior spaces alters with subtle interventions such as reflecting pools, skylights, folding screens and landscaping that becomes a core part of the project.•

FREE-Fernando Romero Enterprise

Soccer Villa

Proyecto arquitectónico Architectural Design FREE-Fernando Romero Enterprise Colaboradores Project Team Taller A, Fernando Romero, Mauricio Ceballos y Raymundo Zamora Superficie construida Constructed Surface Area 622.08 m² Fotografía Photography Adam Wiseman Lugar Location Toluca, Estado de México, México www.fr-ee.org

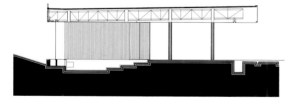

Sección Section

0   10m

Planta baja Ground floor plan

0   30m

El edificio está ubicado en la esquina de dos bulevares dentro del fraccionamiento Carretas, a unas cuadras del Centro Histórico de la ciudad.

El proyecto cubre la totalidad del terreno con una losa de concreto, a la que se le hicieron perforaciones para ir creando patios de agua y luz en la planta baja. Por encima de la losa, se colocaron dos pabellones de vidrio (los salones de yoga) que ven hacia la superficie de la losa recubierta de grava y vegetación, así como hacia las copas de los árboles de los bulevares.

En la planta baja, los juegos entre patios y volúmenes dan forma a las áreas comunes del proyecto, mientras que muros de madera maciza definen las cabinas de masaje del spa.

El proyecto se emplaza dentro de un barrio típico de Querétaro, que complementa los servicios propios de la colonia y se muestra como un refugio de relajación en un contexto urbano.•

The building is located on the corner of two boulevards within the residential development of Carretas, a few blocks from the historic center of Queretaro city.

The project covers the entire plot with a concrete slab, cut away in parts on the ground floor to create patios, some filled with water and others providing natural lighting. Two glass pavilions were erected above the slab for the yoga rooms, which look out onto the surface of the slab, covered with gravel and plants, and onto the canopies of the trees lining the boulevards.

On the ground floor, the interplay between the patios and volumes create the project's communal areas, while the robust wooden walls define the spa's massage rooms.

The project is located within a typical Queretaro neighborhood; it complements the area's existing services and acts as a sheltered place of relaxation within an urban context.•

Jorge Ambrosi / Ambrosi Arquitectos

Wellness Center Querétaro

Proyecto arquitectónico Architectural Design Jorge Ambrosi / Ambrosi Arquitectos Colaboradores Project Team Jorge Ambrosi, José Pablo Ambrosi, Alejandra Ángeles, François Belanger, Ricardo Carrillo, Lorenzo Farfán, Miguel Montor, Julie Russet Ingeniería estructural Structural Engineering Grupo SAI / Gerson Huerta Construcción Contractor Octavio Pérez Superficie construida Constructed Surface Area 640 m² Fotografía Photography Luis Gordoa Lugar Location Fraccionamiento Carretas, Querétaro, México

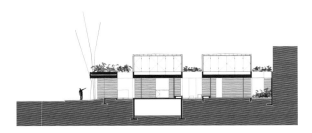

Sección A–A' Section A–A'

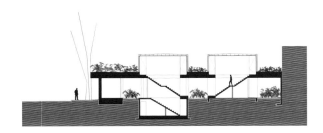

Sección B–B' Section B–B'

Planta alta Upper level plan

A ⌐   ⌐ A'
B ⌐   ⌐ B'

Planta baja Ground floor plan

0   10m

Sobre una plataforma natural localizada a mitad de la montaña, y dentro del Rancho Nautiluz, dedicado a la agricultura orgánica, se encuentra esta casa de recreación en la que se utilizaron primordialmente materiales naturales, como ladrillo de barro, madera y piedra. La premisa principal del proyecto fue la conservación de las piedras volcánicas originadas por la erupción del Nevado de Toluca, localizado a 20 kilómetros, así como de los árboles de encino. El proyecto incluye una gran área de esparcimiento, desde la que se incorporan la terraza exterior y los accesos hacia las habitaciones principales, por un pasillo con luz indirecta y bóveda de cañón. El acceso a las recámaras secundarias, medio nivel arriba, recorre un jardín que se ha conservado en su estado natural y tiene gran iluminación, con vistas parciales del valle. Este acceso conduce también a un estudio de arte, ubicado un nivel y medio por encima de toda la construcción.

Se buscó enriquecer los muros de ladrillo con un juego de luz y sombra, para dejarlos siempre aparentes. El proyecto se originó a partir de la gran piedra semiplana, ubicada en el gran salón, que se usa como base de la chimenea y con el fondo del ventanal de seis metros de altura, donde se incorpora el paisaje en una vista de 180 grados.•

On a natural platform half-way up the mountainside, this holiday home is located within the Rancho Nautiluz organic farm. The use of natural materials – mud bricks, wood and stone – was to the fore. The basic principal of the project was the preservation of the volcanic stones left behind by the eruption of the Nevado de Toluca, some 20 km away, as well as the holm oak trees. The project includes a large recreational area which is the starting point for the external terrace and the doorways to the main rooms, via a barrel-vaulted passage with indirect natural lighting. The access to the secondary bedrooms, a half-floor above, runs round a garden – left in its natural state – which receives full sun and offers partial views of the valley. This route also leads to an art studio, located one-and-a-half levels above the rest of the building.

The intention was to leave the brick walls in their natural state and decorate them only with the play of light and shadow. The origin of the project lies in the great, semi-flat rock located in the spacious lounge, which became the base of the fireplace, with the six-meter-high picture window behind it offering 180-degree views of the landscape.•

Manuel Novodzelsky

Rancho Nautiluz

Proyecto arquitectónico Architectural Design **Manuel Novodzelsky Colaboradores** Project Team Jaime Novodzelsky, Miguel Ángel Alcántara, Eduardo Soler **Superficie construida** Constructed Surface Area **650 m²** **Fotografía** Photography **Manuel Novodzelsky** **Lugar** Location **Estado de México, México**

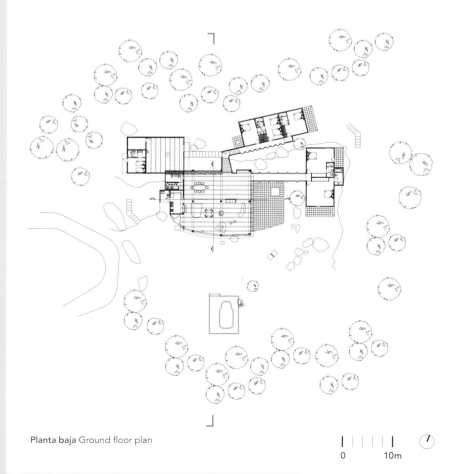

Planta baja Ground floor plan

0   10m

Sección Section

0   10m

El proyecto inicia con el acercamiento del cliente para crear el diseño de un restaurante en Santa Fe, en la ciudad de México, inspirado en un renombrado establecimiento de comida libanesa en Panamá. Desde el principio, la intención fue retomar conceptos de la cultura árabe y utilizar su reinterpretación para la creación de distintos elementos, tanto arquitectónicos como decorativos, y lograr así un espacio que expresara un lenguaje con identidad propia.

El espacio se desarrolla en dos plantas. La planta baja está integrada por vestíbulo, área de *take out*, cocina fría, cocina caliente, área de lavado, bar, baño para discapacitados y área de comensales. La planta alta cuenta con área de mesas, salón VIP, área de niños, baños públicos, oficina, bodega seca, área de empleados, cámara de refrigeración y cámara de congelación.

La geometría de la celosía se basa en una abstracción de la típica composición de arquería, elemento predominante en la cultura árabe que los clientes querían reflejar en el espacio. Esta traducción se aplica mediante la técnica usada en los *muxarabis*, que son paneles de madera que filtran la luz y proporcionan distintos grados de intimidad de acuerdo con la sobreposición de las tiras de madera en direcciones opuestas.

Cada elemento tiene su función y su personalidad. El piso une todo el espacio público, los muros funcionan para generar el cambio entre áreas, mientras que los plafones se adaptan para crear ambientes diferentes por medio de la luz.•

The project began with the client's brief to design a restaurant inspired by a well-known Lebanese restaurant in Panama, but this time in Santa Fe, Mexico City. From the outset, Arab culture was to inspire the design and be reinterpreted to create various architectural and decorative features for the space to express its own language and identity.

The space is spread over two floors: the ground floor has the vestibule, take-away area, hot and cold kitchens, washing area, bar, disabled bathroom facilities, and an eating area; the top floor has a seating area, VIP lounge, children's area, public bathrooms, office, dry storage, staff area, refrigeration units, and freezers.

A large wooden lattice, formed by a series of arches, makes this separation possible and gives a rhythm to the semi-private space of the mezzanine and the eating area. The geometry of the latticework is based on an abstraction of the typical arch composition, a major design element in Arab culture which the clients wanted to be present. The interpretation used a technique called *mashrabiya*—wooden panels that filter light and provide various levels of privacy depending on the overlapping of the wooden bars in opposite directions.

Each element has its own function and character. The floor unites the entire public area, the walls signal changes between different areas, and ceilings are adapted to create different atmospheres through lighting.•

Puuk Arquitectos

Restaurante Beirut

Proyecto arquitectónico Architectural Design **Puuk Arquitectos** **Colaboradores** Project Team **Rafael Braun, Yair Wolff, Faustino Ruiz, Perla Vázquez, Tiago Pinto de Carvalho, Otniel Rodriguez** **Ingeniería estructural** Structural Engineering **Hernán Alarcón** **Construcción** Contractor **Puuk / José Meza** **Superficie construida** Constructed Surface Area **700 m²** **Fotografía** Photography **Rafael Braun** **Lugar** Location **México, D.F., México**

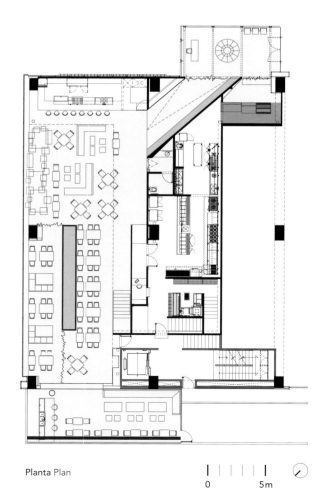

Planta Plan

0   5m

El planteamiento arquitectónico busca adaptar una troje del siglo xviii en un espacio para oficinas. Como punto de partida se propuso lograr un diálogo de contraste, que respetara el estado actual del inmueble, congelara su deterioro e hiciera evidente la edad del edificio original con la intervención contemporánea.

La propuesta arquitectónica sugiere una techumbre de madera que forma una armadura atornillada con placas de acero. La inclinación de ésta es invertida, con la idea de liberar los muros perimetrales de la troje y así lograr la entrada de luz difusa al interior del edificio.

Se plantea una estructura metálica independiente de los muros de roca originales, que resuelve con cinco espacios privados en planta baja intercalados por patios, para lograr ventilación e iluminación naturales. La recepción es el corazón de la propuesta; en ella se genera la interacción de la mezzanine y la planta baja por medio de dobles alturas. En la planta alta se propone un área libre intercalada con tres espacios privados, cruzados en medio de la arcada original.•

This architectural intervention converts an 18th-century barn into office space. The idea at the outset was to create a contrasting dialogue that respects the current state of the building, prevents any further deterioration, and highlights the age of the original building through the contemporary intervention.

The proposal sought to use a wooden roof as a framework bolted together with steel sheets. This was inverted in order to rise over the barn's perimeter walls and thereby allow indirect lighting throughout the building's interior.

The design called for a metal structure independent from the original stone walls to create five private spaces on the ground floor, interspersed with patios to provide natural ventilation and lighting. The reception area is the project's nucleus and generates the interaction of the mezzanine and ground floor through double-height spaces. An open-plan area was proposed for the top floor for with three private spaces inserted within it, crossing in the middle of the original arcade.•

Marván Arquitectos

Corporativo Casas Geo

Proyecto arquitectónico Architectural Design Marván arquitectos (Francisco J. Marván, Rodrigo Marván, Francisco J. Marván Cuevas) / Juan Carlos Reyes García Colaboradores Project Team Rafael Vallejo Hagstotz, Eric Wuotto, Ana Claudia Kruger, Karla Mendoza Construcción Contractor Juan Carlos Reyes García Superficie construida Constructed Surface Area 763 m² Fotografía Photography Santiago Boldo Lugar Location Querétaro, México www.marvanarquitectos.com

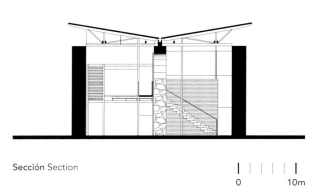

Sección Section

```
| | | | | | |
0         10m
```

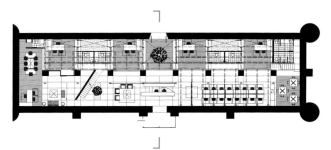

Planta baja Ground floor plan

```
| | | | | | |        ( )
0      10m
```

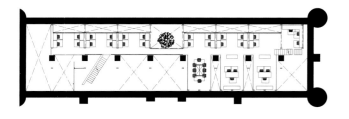

Planta alta Upper level plan

En esta segunda intervención para la multinacional del chocolate Nestlé, Michel Rojkind plantea una manera de entender la arquitectura industrial, reinterpretando el fructífero diálogo moderno entre arquitectura formal y estructura funcional, en una clave que aúna signo mediático y máquina operativa. Se trata de un edificio en la zona industrial de Querétaro para un laboratorio de desarrollo de nuevos productos, que incluye oficinas, auditorio y área de degustación.

Dado que la obra debía tener un pórtico con arcos, Rojkind afrontó el problema reinterpretando tanto el arco como el pórtico, lo que hace que la cúpula remita al arco sin caer en el cliché. Una serie de esferas intersecadas son la matriz de un espacio abierto y continuo (el pórtico) que se extiende mientras otro, formado por cajas ortogonales recubiertas con vidrio espejo satinado, contiene las semiesferas que lo socavan para alojar el programa.

Mientras los exteriores son opacos, los interiores de las cajas tienen un rasgo teatral, los investigadores flotan en sus batas blancas contra un continuo azul, amarillo o verde, recortado contra el espacio contiguo, de otro color. De la intersección de cúpulas surge una serie de contrastes —planos abstractos versus esferas entrelazadas, colores satinados metálicos versus colores brillantes y mates—, cuya aparente sencillez encarna el sello estilístico de la obra.•

In this second intervention for the chocolate multinational Nestlé, Michel Rojkind proposes a way of understanding industrial architecture, reinterpreting the modern dialogue between formal architecture and structural functionality in a way that brings together mediating sign and operational machine. Located in an industrial area of Queretaro, the building is a laboratory for product design and includes offices, an auditorium and a tasting area.

Because the work had to include a portico with arches, Rojkind resolved the problem by reinterpreting both the arc and the portico, making the arches evoke domes, while avoiding cliché. A series of intersecting spheres make up the matrix of an open and continuous space (the portico) that extends while the other, formed by orthogonal boxes covered in satin finish mirror glass, contains the semi-spheres creating hollows where the program is located.

While the exteriors are opaque, the interiors of the boxes have a theatrical aspect where the researchers drift by in white coats against a blue, yellow or green continuum that contrasts with a differently colored contiguous space. The intersection of the domes generates a series of contrasts— abstract planes versus overlapping spheres, satin finish metallic colors versus bright and matte colors— the apparent simplicity of which embodies the stylistic signature of the work.•

Rojkind Arquitectos

Nestlé Grupo de Aplicación

Proyecto arquitectónico Architectural Design Rojkind Arquitectos Colaboradores Project Team Agustín Pereyra y Paulina Goycoolea, Juan Carlos Vidals, Moritz Melchert, Tere Levy, Isaac Smeke Jaber, Tomas Kristof, Francisco Gordillo, Andrés Altesor, Juan Pablo Espinosa Ingeniería estructural Structural Engineering Juan Felipe Heredia Construcción Contractor SLCI/Ing. José Solís Superficie construida Constructed Surface Area 776 m² Fotografía Photography Paúl Rivera, Iwan Baan Lugar Location Querétaro, Querétaro, México www.rojkindarquitectos.com

Sección Section

Planta alta Upper level plan

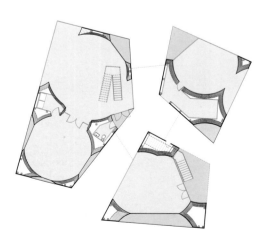

Planta baja Ground floor plan

0   5m

En un terreno ubicado en el centro de una zona montañosa de Valle de Bravo se diseñó una casa de fin de semana o de descanso. Se partió de una estructura metálica forrada de madera y vidrio que visualmente flota sobre el terreno y se organiza con pabellones que se comunican a su vez por un gran pasillo.

La disposición de estos pabellones organiza la casa en tres zonas: El área de acceso: consta de un gran espejo de agua, con un andador (muelle), torre de servicios (*toilet*, cuarto de servicio, lavandería y mirador) y cocina (alacena, despensa).

El área de esparcimiento: consta de una estancia comedor y una estancia familiar, con vista hacia un patio central privado. Estos espacios son muy transparentes; predomina la cancelería que logra crear un espacio más abierto. Cuenta además con terraza familiar y desayunador al aire libre.

El área íntima: consta de cuatro recámaras, cada una con baño completo, además de terrazas particulares, con impresionantes vistas al bosque.

Al encontrarse en una zona aislada de los servicios básicos, la casa se proyectó de manera totalmente autosuficiente.•

This design for a weekend retreat is on a plot in the center of the mountainous region of Valle de Bravo. A wood-and-glass clad metal structure forms the basis for the project and appears to float over the land, and the project is organized with pavilions interconnected by a large passage.

The layout of these pavilions creates three areas for the house:
Entrance area: a large reflecting pool with a walkway, service tower (with toilets, utility room, washing room, and mirador) and a kitchen (larder).
Recreational area: a living and dining room with a view onto a central private patio. These spaces are very transparent with window and door frames creating a more open space. This area also includes a family terrace and open-air breakfast area.
Personal area: four bedrooms, each with a full ensuite bathroom, as well as private terraces with impressive views over the wood.

The house is planned to be entirely self-sufficient given the lack of public utilities in this area.•

Mas Arquitectos

Casa San-Sen

Proyecto arquitectónico Architectural Design mas arquitectos / Alejandro Sánchez García, Diego Ricalde Recchia, Alejandro Delgado García, Alfredo Cortés Téllez Ingeniería estructural Structural Engineering EA Ingeniería y Obras Especializadas, S.A. de C.V., Enrique Ávalos Zabala Construcción Contractor Constructora Tuca, S.A., José Luis Salamanca, Miguel Campero, Jaime Gómez de la Fuente, Laura Estrada Superficie construida Constructed Surface Area 872.62 m² Fotografía Photography Alfonso López Baz Lugar Location Valle de Bravo, Estado de México, México

Sección longitudinal Longitudinal section

Sección transversal Transversal section

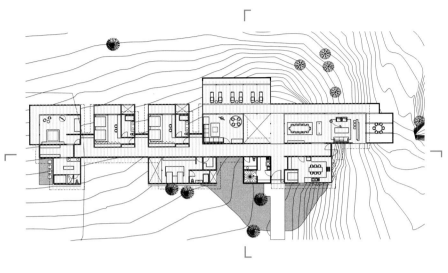

Planta baja Ground floor plan

0   5m

La casa se localiza en San Pedro Garza García, en una zona semiboscosa de urbanización reciente, compuesta por lotes de 10,000 m² y con un estricto reglamento de construcción que hace hincapié en la protección ecológica. Inspirado en el entorno, repleto de rocas y con una interesante topografía, el proyecto se desarrolla a partir de una serie de cajas que fluyen entre el relieve y la vegetación del terreno.

Cada una de las necesidades del programa se organiza en uno de los volúmenes; cada volumen mantiene su independencia formal de los demás al estar cubierto en su exterior por mármol travertino, paneles de madera, acero corten, u-glass, o concreto aparente. La composición se regula por un patrón ortogonal en el que los volúmenes se conectan entre sí mediante pasillos de vidrio Duo Vent, tanto en muros como en el techo, que crean un recorrido por el terreno al mismo tiempo que constituyen un resguardo del interior de la casa. La solidez de los volúmenes se ve rota por ventanales que se orientan hacia la ciudad o hacia concentraciones de vegetación en el mismo terreno.

Junto al acceso y anexo al comedor se encuentra, a un lado, una sala con un pequeño auditorio y terraza y, al otro, la zona de cocina y un cuarto de costura. Por el pasillo de servicio se llega a la estancia familiar, a la que también se tiene acceso por un pasillo de vidrio que conduce a las oficinas de trabajo de los dueños. La sala de estar da paso, finalmente, a la recámara principal, que cuenta con una recámara anexa para recibir a los nietos.•

The house is located in San Pedro Garza Garcia in a semi-wooded area in a new development with 10,000m² lots and a strict building code that emphasizes ecological protection. Inspired by the rocky environment with an interesting topography, the project evolved from a series of boxes that flow between the relief and the vegetation on the property.

Each of the needs of the program is organized in one of the volumes; each volume maintains its formal independence from the other by being covered on the outside with Travertine marble, wood panels, weathering steel, u-glass, or exposed concrete. The composition is regulated by an orthogonal pattern in which the volumes are connected to each other through Duo Vent glass corridors, both in the walls and ceiling, creating a path through the property at the same time as they form a counterfoil to the interior of the house. The solidity of the volumes is broken up with the use of large windows that face the city or concentrations of vegetation on the property.

Beside the entrance, and attached to the dining area, on one side there is a living room with a small auditorium and terrace and, on the other, the kitchen area and a sewing room. A service hall leads to the family room that may also be accessed by a glass corridor leading to the owners' offices. The living room leads, finally, onto the master bedroom, to which another bedroom for use by the grandchildren is attached.•

bgp arquitectura

Casa MTY

Proyecto arquitectónico Architectural Design bgp arquitectura, Bernardo Gómez-Pimienta, Luis Enrique Mendoza **Colaboradores** Project Team Hugo Sánchez, José Barreto, Jesse Rodríguez, Susana Rodríguez, Josué Vázquez, Edgar Juárez, Giovanna Maldonado, Luis Corona, Wendy Wuotto **Superficie construida** Constructed Surface Area 950 m² **Fotografía** Photography Jaime Navarro, Jorge Taboada **Lugar** Location Monterrey, Nuevo León, México www.bgp.com.mx

Sección transversal Transversal section

Sección longitudinal Longitudinal section

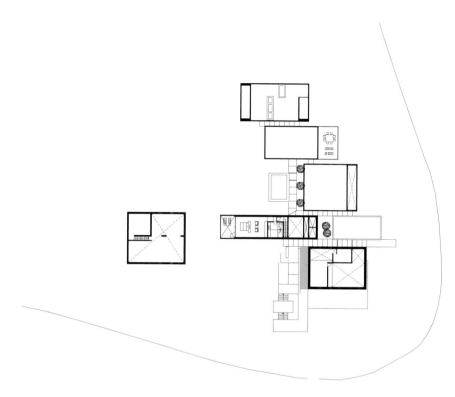

Planta alta Upper level plan

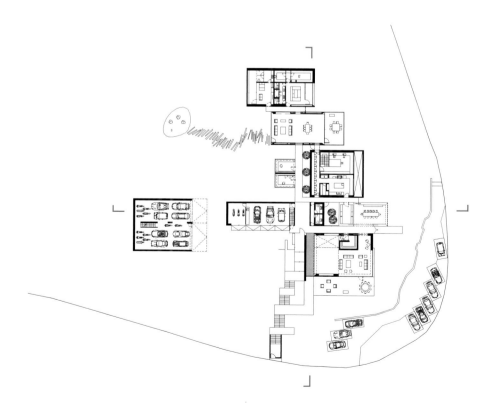

Planta baja Ground floor plan

0   10m

El proyecto para esta galería buscó ratificar la ambivalencia entre el espacio expositivo y la iluminación. La condición del espacio ya se tenía, un contenedor de madera para exposiciones, a un costado de un edificio fabril de tres niveles. Con base en esto se planteó que una serie de patios interiores y un faro central propiciaran las condiciones de luz conservando la estructura de madera y forma de la crujía. A la vez, se priorizó la conexión con los espacios exteriores con vegetación exuberante, además de la colocación de grandes puertas de madera corredizas que generan distintas lecturas de la galería.•

The project for this gallery sought to ratify the ambivalence between the exhibition space and the illumination. The condition of the space was already established – a wooden container for exhibitions to one side of a three-story manufacturing building. On this basis a series of interior patios and a central lighthouse were planned, to favor the existing light conditions and the wooden structure and shape of the industrial bay. At the same time, the connection to the exterior spaces was prioritized through the use of exuberant vegetation and by placing large sliding wooden doors that permit multiple interpretations of the gallery space.•

Alberto Kalach

Kurimanzutto
Art Gallery

Proyecto arquitectónico Architectural Design **Alberto Kalach** Colaboradores Project Team **Héctor Módica** Ingeniería estructural Structural Engineering **Javier Ribé** Construcción Contractor **Miguel Cornejo** Superficie construida Constructed Surface Area **950 m²** Fotografía Photography **Pedro Rosenblueth** Lugar Location **Ciudad de México, México**

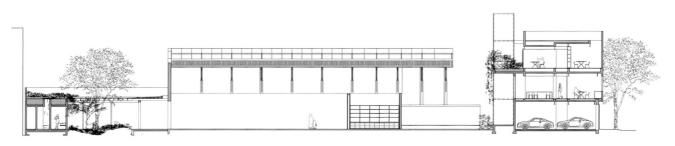

Sección longitudinal Longitudinal section

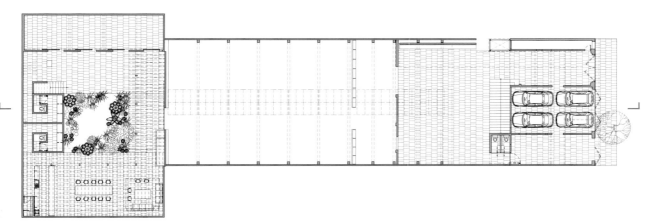

Planta baja Ground floor plan

0   5m

Planta segundo nivel Second floor plan

Planta primer nivel First floor plan

Perugino 42 es un desarrollo de cinco casas ubicado frente al Parque Hundido en la ciudad de México. El esquema inicial de Perugino consistió en dividir el terreno en cinco lotes, con cinco viviendas que aprovechan al máximo el espacio estrecho y lineal. El principal objetivo de este esquema fue darles a todas las casas una conexión directa con el parque. La división del conjunto en dos volúmenes generó patios interiores, separados por puentes de vidrio, que brindan privacidad a cada una de las casas.

Las casas de tres pisos fueron planeadas para proveer a sus inquilinos de todo lo necesario: tres lugares de estacionamiento en la planta baja y un cuarto equipado con baño, que puede usarse como estudio u oficina, ya que está separado por un piso de las demás habitaciones. El primer nivel tiene dos recámaras separadas por un *deck*. En el segundo piso está el área social, con un balcón hacia el parque, escaleras que llevan al *roof garden* y está conectado a la cocina por un puente de vidrio.

Las viviendas están diseñadas para satisfacer un mercado contemporáneo. Constan de sistemas de captación de agua pluvial y de calentamiento solar de agua. Los principales materiales usados fueron concreto para la estructura y madera de balau en todas las fachadas.•

Perugino 42 consists of a five-house development, opposite Parque Hundido in Mexico City. The initial brief for Perugino involved subdividing the plot into five sections, with five homes taking full advantage of the narrow, linear space available; the idea being to give each house a direct connection with the park. Dividing the complex into two volumes created interior patios, separated by glass bridges, affording each house extra privacy.

The three-floor houses were designed to meet occupants' every need: the ground floor has three parking spaces, and a room with a toilet that can be used as a study or office, separated from the other rooms by a floor. The first floor has two bedrooms separated by a deck. On the second floor the public area comprises a balcony overlooking the park, stairs leading up to the roof garden, and is connected to the kitchen by a glass bridge.

The houses are designed to meet the needs of contemporary customers. The design incorporates rainwater collection systems and solar water heaters. The main construction materials were concrete for the structure and balau (a tropical hardwood), used on all the façades.•

Alfonso Frade

Perugino 42

Proyecto arquitectónico Architectural Design Alfonso Frade **Superficie construida** Constructed Surface Area 1,010 m² **Fotografía** Photography A. Carlos Herrera, Alfonso Frade **Lugar** Location México, D.F., México www.fradelab.com

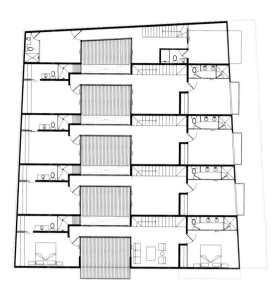

Planta nivel 2 Plan level 2

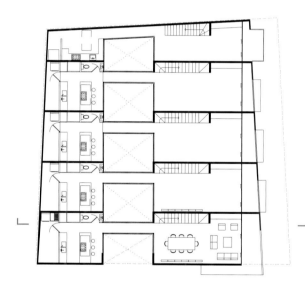

Planta nivel 1 Plan level 1

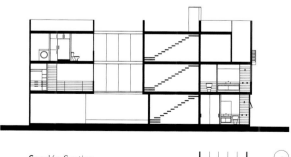

Sección Section

0   5m

El encargo consistió en rehabilitar una casa de los años cincuenta e integrar un nuevo edificio para lograr, en conjunto, el mayor número posible de metros cuadrados para oficinas.

La casa preexistente se ubica sobre una de las principales avenidas de la ciudad, que conecta el Centro Histórico con la ciudad moderna, y dentro del perímetro B de protección patrimonial, por lo que el proyecto debía tener ciertos criterios justificados de integración con la finca misma y su contexto.

Dos premisas sustentan el proyecto: el respeto de la fisonomía de la casa preexistente y la incrustación de un nuevo pabellón que pone en evidencia su espacialidad contemporánea.

La estructura preexistente muestra la pesantez de sus muros, que al ser liberados de los enjarres dejan ver su sistema constructivo original, creado con ladrillo de lama, y potencian con colores claros su carácter estereotómico y continuo. Por su parte, el pabellón nuevo de estructura de metal tiene una intención ligera y tectónica, que se cierra con un muro-cortina metálico.

A partir de la excavación del antiguo jardín se generó un recinto que sirve de estacionamiento y del que se desprende el nuevo pabellón, lo que crea un basamento común para éste y la estructura preexistente. Se empleó el metal con el mismo tratamiento, tanto en el cierre de la fachada del pabellón como en los marcos de las ventanas de la estructura antigua.•

The commission was to refurbish a 1950s house and to integrate a new building to maximize the area of office space available in both areas.

The pre-existing house is located on one of the city of Guadalajara's main avenues which connects the historic center with the modern part of the city, within the protected heritage area, meaning the project needed to meet certain criteria to integrate it into the complex and its neighborhood.

The project had two core premises: respect for the layout of the pre-existing house and the addition of a new pavilion that revealed a contemporary sense of spaciousness.

The original house displays the weight of its walls; their original clay brick construction was revealed by removing the plasterwork, and their stereotomic and repetitive quality was enhanced by the use of light colors. Meanwhile, the metal structure of the new pavilion provides a light, tectonic solution, and is enveloped by a metal curtain wall.

The former garden was excavated to provide space for the parking lot and the new construction, creating a common base for both the new and pre-existing buildings.

Metal was used in the same way both as an envelope for the new building and for the window frames of thouse.•

AD11 Grupo de Arquitectura y Diseño

Oficinas Hidalgo

Proyecto arquitectónico Architectural Design AD11, Salvador Macías Corona, Francisco J. Gutiérrez Peregrina, Margarita Peredo Arenas **Construcción** Contractor AC constructor de arquitectura **Superficie construida** Constructed Surface Area 1,010 m² **Fotografía** Jorge Silva **Lugar** Location Guadalajara, Jalisco, México www.ad11.com.mx

Sección Section

Planta alta Upper level plan

Planta baja Ground floor plan

0   5m

El Smooth Building está situado en San Pedro Garza García, Nuevo León, en un terreno que permite contemplar la majestuosidad de la Sierra Madre Oriental a lo largo de sus 1,350 kilómetros de longitud. Por encargo del cliente, el edificio cuenta con dos usos: una oficina en planta baja y el primer nivel, y una casa en las plantas superiores para él y su familia. El reto fue organizar el programa arquitectónico de uso mixto dentro de una envolvente continua, la cual se desdobla de forma dinámica entre el deseo de privacidad y las aperturas hacia la imponente vista; por su parte, el interior se ha concebido de un modo más abierto y fluido, con transiciones de dobles alturas y secuencias de espacio y luz.

Las restricciones urbanísticas locales determinaron la ocupación de 70% de la superficie del terreno, así como la altura y el número de niveles del edificio.

En el último nivel, el techo se abre como el lente de una cámara que, de manera metafórica, pretende atraer al interior la mejor vista panorámica. En este espacio se encuentra el área social de la casa, la cual abre sus puertas de cristal a una terraza de madera.•

Smooth Building is located in San Pedro Garza García, Nuevo León, on a lot with wonderful views over the Sierra Madre Oriental, a mountain range spanning a total length of 1,350 kilometers. The client's was brief for a building with a dual function: as an office on the ground and first floors, and as a house for the client and his family on the upper floors. The challenge lay in organizing a mixed-use architectural program within a single envelope which dynamically combines the desire for privacy while incorporating openings to give majestic views. The interior is more open-plan and fluid, with double-height transitions and sequences of space and light.

Local urban zoning laws limited the development to 70% of the lot's total size and they also restricted the building's height and number of floors.

The roof opens up like a camera lens on the upper level, metaphorically seeking to draw the best panoramic view into the interior. This is the social area of the house, with glass doors opening on to a wooden deck.•

Jorge Hernández de la Garza

Smooth Building

Proyecto arquitectónico Architectural Design Jorge Hernández de la Garza Colaboradores Project Team Paula Campos Legorreta, Rodrigo Ambriz, Carlos Rubio Martínez Ingeniería estructural Structural Engineering EA Ingeniería Construcción Contractor GPS Superficie construida Constructed Surface Area 1,100 m² Fotografía Photography Paul Czitrom Lugar Location Nuevo León, México www.hernandezdelagarza.com

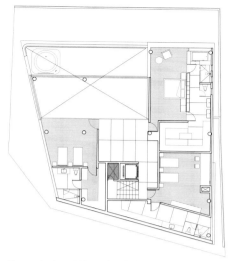

Planta alta (casa) Upper level plan (house)

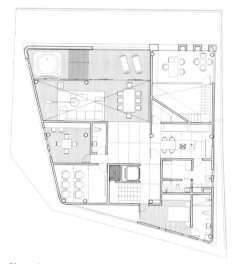

Planta baja (casa) Lower level plan (house)

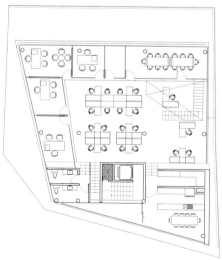

Planta baja (oficinas) Lower level plan (offices)

0   5m

Este conjunto consta de siete departamentos de dos o tres niveles y dobles alturas. Tiene un gran desempeño ecológico, huertos urbanos en terrazas con cultivo de productos agrícolas y un programa de manejo y reciclado de residuos. Se captan las aguas pluviales en un sistema de cascadas con reuso y reciclaje. Entre los departamentos figuran muros de paja y la estructura está inspirada en los árboles del entorno, lo cual optimiza la cantidad de material y su resistencia.•

This condominium block comprises seven double-height, two or three floor apartments. A highly ecological building, it has rooftop vegetable gardens, as well as a waste management and recycling program. Rain water is collected through a system of cascades for reuse and recycling. Straw walls separate the apartments, and the structure is inspired by the surrounding trees, optimizing the amount of material needed and its durability.•

Taller13 Arquitectos

Nicolás San Juan

Proyecto arquitectónico Architectural Design Elías Cattan, Patricio Guerrero **Colaboradores** Project Team David Mandujano, Eduardo Palomino, Ruben Coxca, Belinda García, Paulina García, Luis García, Miguel Mercado, Rafael Hop, J. Fernando Vera **Ingeniería estructural** Structural Engineering Arco Radial **Construcción Contractor** Factor Eficiencia **Superficie construida** Constructed Surface Area 1,242 m² **Fotografía** Photography Rafael Gamo / Maayan Fridman **Lugar** Location México, D.F., México www.taller13.com

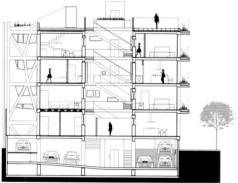

Sección Section

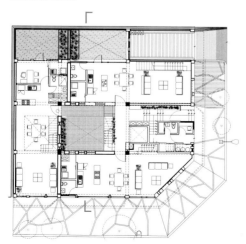

Planta nivel 1 Level 1 plan

0   5m

El edificio de 1,280 m² de construcción se localiza en un terreno de 456 m² ubicado en una esquina. Tiene estacionamiento con iluminación y ventilación naturales para 17 autos, situado medio nivel bajo la calle.

Cuenta con un departamento con terraza, tres departamentos tipo y dos penthouses con terraza en la azotea, con espléndidas vistas. Cada departamento consta de sala-comedor, *toilet*, dos recámaras con baño-vestidor, cocina, baño de servicio, cuarto de lavado y patio de servicio. La mayoría de los espacios tienen iluminación y ventilación naturales.

El edificio es de concreto blanco espejo con acabado aparente de excelente manufactura, despiezado en módulos de 0.60 metros de altura, y cuenta con puntos luminosos logrados con elementos acrílicos colocados sin orden en el muro.

La escalera es abierta lateralmente y cerrada al poniente. Se encuentra protegida del vacío por tensores metálicos que permiten iluminación y ventilación naturales. El elevador es de diseño especial con una cabina con luz natural. Los elementos de aluminio fueron diseñados para esta obra. Destaca la puerta de cristal de acceso, que le da un sello particular al edificio.•

This 1,280 m² building is located on a 456 m² corner plot, and incorporates a 17-car, semi-basement parking lot with natural lighting and ventilation.

The building boasts one apartment with a terrace, three apartments with a common floor plan and two penthouses with a rooftop terrace offering magnificent views. All apartments have a living-dining room, washroom, two bedrooms each with an ensuite bathroom-dressing room, kitchen, maid's bathroom, laundry room, and utility area. Most spaces have natural lighting and ventilation.

The building is a high-quality construction, with mirror-white exposed concrete articulated in 60cm-high modules that incorporate luminous points created by randomly placing acrylic elements in the wall.

The staircase is open laterally and closed to the west, with metal tensors providing protection and allowing in natural lighting and ventilation. The custom designed elevator has a naturally lit cabin. The aluminum elements were specially designed for the project, and a glass entrance door gives the building a special touch.•

Serrano Arquitectos

Proyecto arquitectónico Architectural Design J. Francisco Serrano, Pablo Serrano Orozco, Susana García Fuertes **Superficie construida** Constructed Surface Area 1,280.72 m² **Fotografía** Photography Santiago Boldo **Lugar** Location México, D.F., México

Apartamentos Rebollar

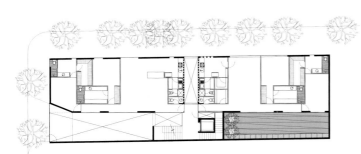

Primer piso First level plan

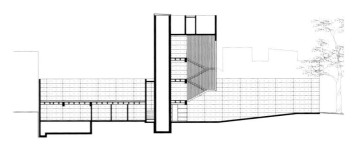

Sección Section

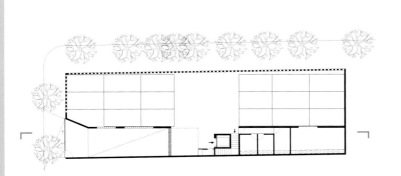

Planta baja Ground floor plan

0   5m

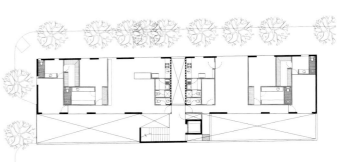

Segundo piso Second level plan

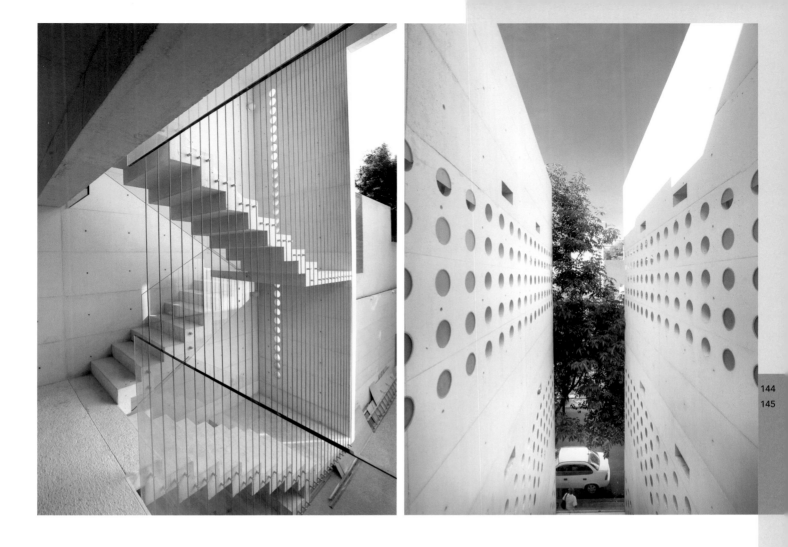

Ubicado en la avenida Veracruz, este edificio logra, mediante un juego de alturas en sus entrepisos, condiciones distintas en los espacios interiores. La fachada principal expresa el concepto del interior mediante un juego de terrazas que responden a los cambios de nivel en los departamentos.

El ancho del predio permite tener un edificio con más frente que fondo y, al haber un departamento por piso, resultan espacios muy bien iluminados y ventilados por sus dos fachadas. En la principal, grandes ventanales forman la terraza escalonada que da al interior y permiten integrar la luz y la vegetación de la calle.

La premisa arquitectónica: diferenciar los espacios privados de los públicos dándole mayor altura a estos últimos, una calidad espacial que es muy apreciada por nuestros clientes.

La premisa inmobiliaria: construir dobles alturas, aun si ello representa "dejar de construir" metros cuadrados que podrían venderse.

La premisa normativa: la normatividad en la zona permite hacer cinco niveles más planta baja y la altura total del edificio no puede sobrepasar los 21.60 metros de altura. Así, concebimos las recámaras de un departamento con 2.50 metros de altura, mientras que la sala tiene 4.10 metros, y la propuesta fue intercalarlas.•

Located on Veracruz Avenue, this building incorporates a range of interior spaces through a variation in mezzanine heights. The main façade expresses the interior concept with an interplay of terraces which reflect the changes in level inside the apartments themselves.

Given the width of the plot, the building is wider than it is deep and, with one apartment per floor, the spaces enjoy plenty of natural light and ventilation from both façades. On the main façade, large windows form a staggered terrace that faces the interior and introduces natural light and vegetation from the street.

The architectural aim: to differentiate the private and public spaces, giving more generous heights to the latter—a spatial quality valued highly by our clients.

The developer's aim: to build double-height spaces, even if this meant "not building" usable floor space that could be sold.

The regulations: zoning regulations permits five floors plus a ground floor with a maximum total building height of 21.6 meters. Therefore we designed the apartment bedroom ceilings to be 2.5 meters and the living room ceilings to be 4.10 meters, staggered over each successive floor.•

JSª/Javier Sánchez

Veracruz 60

Proyecto arquitectónico Architectural Design JSª/Javier Sánchez, Juan Manuel Soler, Mariana Paz, Alejandro Ita, Karen Cheirif **Ingeniería estructural** Structural Engineering JSª, Fernando Valdivia, Sergio Barrios **Construcción** Contractor EDISA (Edificación y Diseño, S.A. de C.V.), Alfonso Rodríguez **Superficie construida** Constructed Surface Area 1,362 m² **Fotografía** Photography Pedro Hiriart, Jair Navarrete, Paúl Rivera **Lugar** Location Ciudad de México, México www.jsa.com.mx

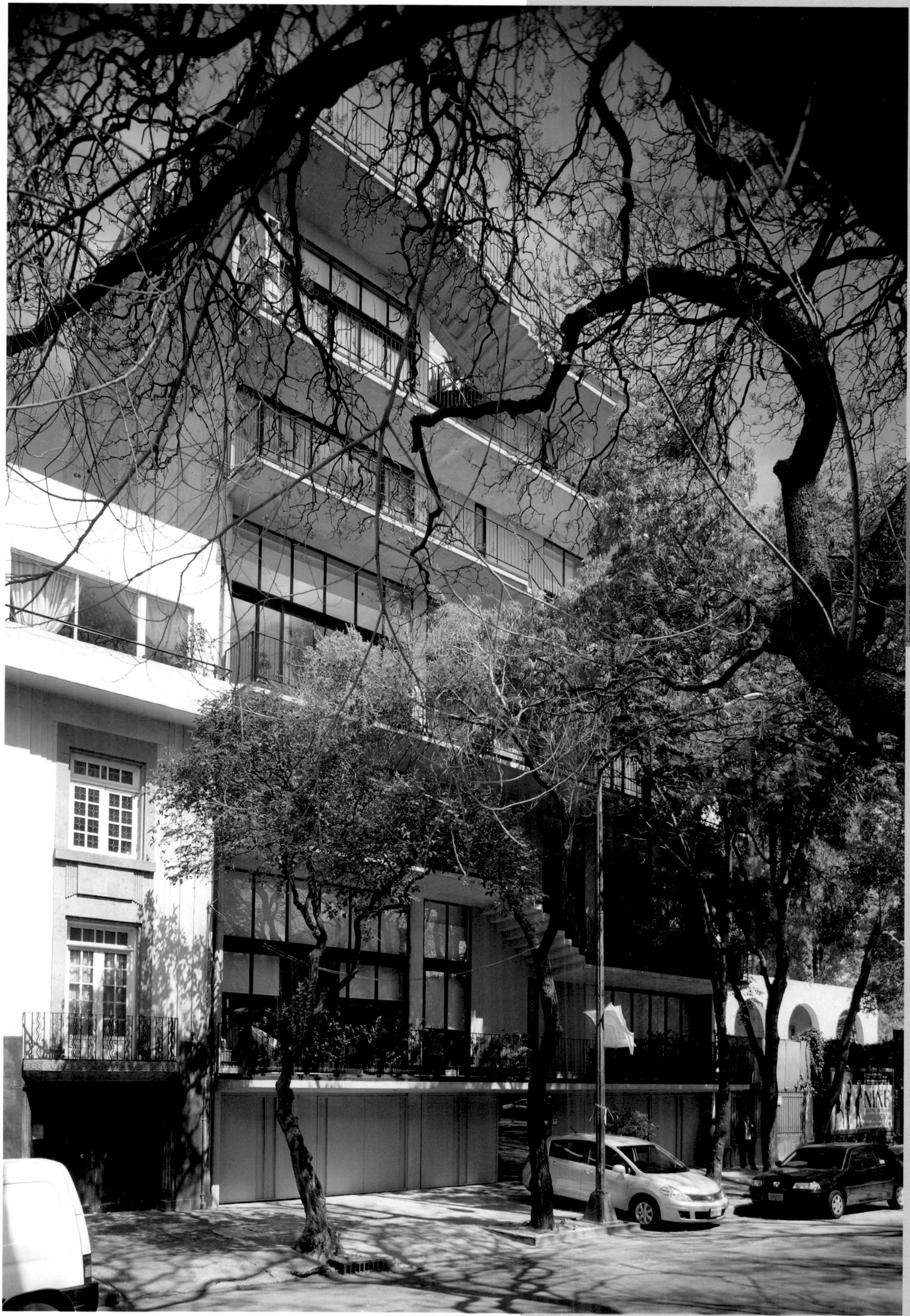

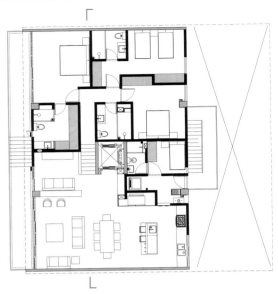

Segundo y cuarto pisos Second and fourth floors plan

Quinto piso Fifth floor plan

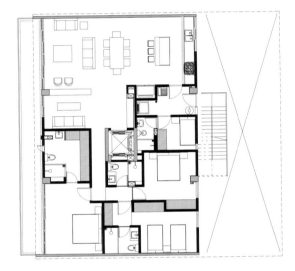

Planta baja y tercer piso Ground and third floors plan

0   5 m

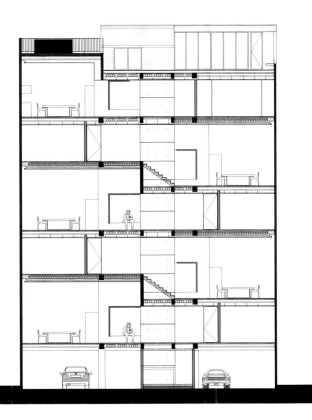

Sección longitudinal Longitudinal section

El proyecto se ubica en la zona poniente de la ciudad de México, en Paseo de la Reforma, en Lomas de Chapultepec. La propuesta se generó mediante volúmenes sólidos de piedra, con lo que se trató de responder a la horizontalidad que los espacios y el programa crearon y a la proporción de los mismos. La obra retoma las geometrías del contexto y la imagen urbana del lugar unificándolas en un volumen tectónico. Dichos volúmenes flotan sobre un espejo de agua que da origen al acceso de la casa. Una sola piel de piedra es la que da forma y color a todo el proyecto, lo que crea vanos modulados y perforaciones que permiten la entrada de luz y sombras de los mismo volúmenes, asimismo proporciona un control de la luz natural y crea zonas de estar privadas.

La solución estructural está formada por un sistema mixto de concreto y acero; esto por los claros que se pretendieron librar, gracias a ello el resultado fue una planta libre de columnas y visualmente transparente, que genera una interacción interior-exterior a través de los vanos traslucidos existentes. Teniendo así espacios internos que conviven con las áreas exteriores y su entorno.•

This project is located in the east of Mexico City, on Paseo de la Reforma avenue in the Lomas de Chapultepec neighborhood.

The proposal emerged from the use of solid stone-built volumes in response to the horizontality dictated by the spaces and program—a proportionate response. The building works from the surrounding geometry and the urban image of the setting, bringing them together in a tectonic volume. These volumes float above a water pool that marks the entrance to the house. A single stone membrane affords color and form to the entire project, generating openings and perforations that allow light to enter as well as shadows created by the volumes themselves, thereby allowing for control over the natural light and creating highly private living areas.

The structural solution is provided by a mixed concrete and steel system, because of the spans to be bridged. The result is a visually uncluttered, column-free floor that generates an interior-exterior interaction through the existing translucent openings. In this way the internal spaces establish a relationship with the outdoor areas and the surroundings.•

Central de Arquitectura / José Sanchéz / Moisés Isón

Casa Reforma

Proyecto arquitectónico Architectural Design Central de Arquitectura / José Sánchez / Moisés Isón **Colaboradores** Project Team Crimson Pasquinel, Augusto Fernández, Socorro Leyva, David Bravo **Ingeniería estructural** Structural Engineering DISE / Aguilar Ingenieros **Construcción** Contractor Central de Arquitectura + Ka Diseño **Superficie construida** Constructed Surface Area 1,400 m² **Fotografía** Photography Paul Czitrom **Lugar** Location México, D.F., México www.centraldearquitectura.com

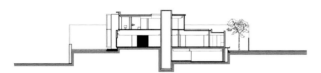

Sección Section

0   10m

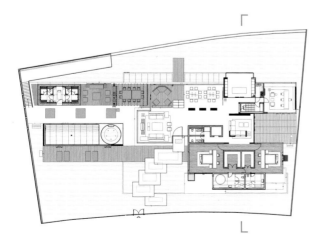

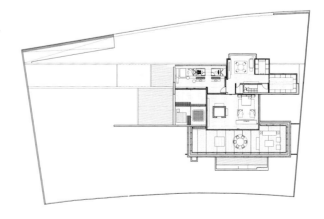

Planta baja Ground floor plan

Planta alta Upper level plan

De acuerdo con los requerimientos del cliente, diseñamos un edificio que presenta diferentes tipologías de departamento divididas en tres bloques. Las áreas comunes se concentran en un solo lugar y miran hacia el exterior por tres frentes.

Se hizo retroceder el edificio a fin de liberar la esquina. Este diseño presenta además tres frentes rodeados por áreas verdes, que se internan en el edificio y se convierten en áreas de servicio. Esta idea fue el motor principal del diseño del espacio interior. La fachada de vidrio forma el muro irregular del edificio y le da un aspecto distintivo.

Mientras desarrollábamos el proyecto, el artista mexicano Jerónimo Hagerman montó una exposición de su obra en la Sala de Arte Público Siqueiros (INBA) de la ciudad de México. Para su instalación utilizó unas enredaderas impresionantes, que reflejaban exactamente nuestra idea de franjas verdes para el proyecto de departamentos.

Una vez terminada la exposición, replantamos, en colaboración con el artista, las redes naturales en la obra, con el fin de darles un nuevo uso y volverlas parte del volumen del edificio.•

The client commissioned a building design with different apartment typologies divided into three blocks. All the communal areas are concentrated in a single place and have exterior views on three sides.

The building was set back to free up the corner area. This design created three sides surrounded by green spaces that penetrate the building and become service areas. This idea was at the core of the interior design. The glass façade forms the building's irregular wall and gives it a distinctive appearance.

While we were developing the project, an exhibition by Mexican artist Jerónimo Hagerman was on display in the Sala de Arte Público Siqueiros in Mexico City. For this installation he made impressive use of climbing plants, mirroring our idea of green borders for the apartment project.

After the exhibition, we worked together with the artist to replant the natural meshes within the construction in order to repurpose them and integrate them within the building's volume.•

Dellekamp Arquitectos | Derek Dellekamp

Michelet 50

Proyecto arquitectónico Architectural Design Dellekamp Arquitectos | Derek Dellekamp **Colaboradores** Project Team Aisha Ballesteros, Jachen Schleich, Pedro Sánchez **Superficie construida** Constructed Surface Area 1,568 m² **Fotografía** Photography Sandra Pereznieto **Ubicación** Location Anzures, México, D.F., México www.dellekamparq.com

Sección Cross Section

Planta baja Ground floor plan

0　　　5 m

Casa BC se encuentra en una situación topográfica privilegiada, debido a su relación visual de mayor altura respecto a los predios aledaños. Esto le permite gozar de excelentes vistas hacia el Parque Nacional de Chipinque, en el sur, así como hacia todo el oriente, cuya vista domina en el horizonte el Cerro de la Silla.

Con volumetrías puras, pero soluciones estructurales más bien complejas, debido a sus grandes claros y voladizos, nuestro proyecto busca rescatar una imagen de ligereza dentro de un lenguaje de volúmenes más bien pesados y masivos.

Si bien el color sigue sin tener una presencia importante en nuestro trabajo, este proyecto da un paso importante en la exploración de nuevos materiales, como son el granito negro y el concreto blanco aparente, además del carácter que le aportan al edificio la gran cantidad de elementos de acero que quedan a la vista. Con los principios de las normas LEED, sin que una certificación oficial fuera una prioridad para los clientes, desde un principio se concibió la casa como sustentable, con su respectivo estudio formal de eficiencia energética, que analiza el asoleamiento y los vientos dominantes en diversas temporadas del año.•

Casa BC is a house that enjoys a privileged topographical location above its surrounding terrain; it has excellent views towards Chipinque National Park to the south, while the Cerro de la Silla dominates the horizon to the east.

The volumes' clean lines hide a complex structure supporting the large spans and cantilevers. With this project we sought to restore a sense of lightness within a language of volumes that are massive and heavy.

While color remains a minor feature in our work, this project takes great steps towards our exploration of new materials, such as black granite and exposed white concrete, as well as the large number of exposed steel elements which add to the building's character. We adhered to the LEED regulations, even though an official certification was not a client priority. From the outset the house was designed to be sustainable, and a formal energy-efficiency analysis analyzed solar gain and prevailing winds in each season.•

Gilberto L. Rodríguez / GLR arquitectos

Casa BC

Proyecto arquitectónico Architectural Design Gilberto L. Rodríguez / GLR arquitectos Colaboradores Project Team Felipe Dorado, Tomás Güereña, Joaquín Jenis, Óscar O'Farrill, Diana Guerra Ingeniería estructural Structural Engineering Grupo Colinas de Buen Superficie construida Constructed Surface Area 1,200 m² Fotografía Photography Jorge Taboada Lugar Location Monterrey, Nuevo León, México www.glrarquitectos.com | www.gilbertolrodriguez.com

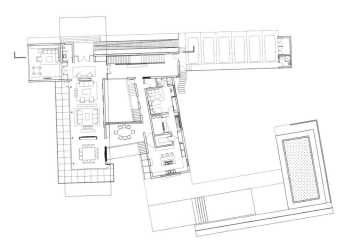

Planta nivel 1 Level 1 plan

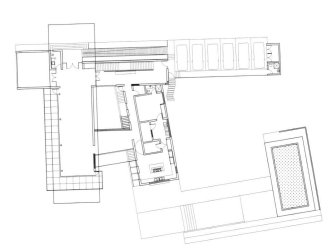

Planta nivel 2 Level 2 plan

Sección Section

0   10m

Santa María es un proyecto situado en el centro histórico de Valle de Bravo, una pequeña ciudad colonial que data de 1530. El proyecto fue concebido para casas de fin de semana, para familias que buscan salir del ajetreado estilo de vida de la ciudad de México. Incluye nueve casas y una serie de actividades que brindan una experiencia semihotelera.

La configuración espacial del proyecto consistió en colocar los volúmenes a lo largo de las dos calles que confinan el sitio (esto es parte de las regulaciones locales), permitiendo el acomodo de las casas en forma de L, de modo que pudieran sacar provecho de la orientación y las vistas naturales. Esta configuración permitió también definir la zona de albercas a modo de un patio central, similar a los de las casas antiguas del centro de Valle de Bravo. La disposición del proyecto cuenta con dos niveles generales: el primero incluye el acceso general, estacionamiento, vigilancia, cuarto de basura, comedor de servicios, conserjería, administración, 36 bodegas pequeñas, lavandería, baños de servicio, bodegas de servicio y cuartos de máquinas. El siguiente cuenta con un patio/corredor que corre a lo largo de las casas y que sirve como un amortiguador espacial entre las casas y la zona de albercas. Esta última es al mismo tiempo abierta y contenida e incluye un deck de madera, un jacuzzi, dos albercas, un espacio para hacer fogatas y un pequeño jardín. Al final del patio/corredor se ubica un patio privado que brinda luz y calma a una habitación para practicar yoga y a un cuarto de masajes.•

Santa Maria is a project situated in the historic downtown area of Valle de Bravo. The project was designed as weekend homes for families seeking to escape the hectic lifestyle of Mexico City. Includes nine houses and a series of activities that provide a semi-hotel experience.

The project's spatial configuration consisted in placing the volumes along the two streets that border the site (this is part of the local regulations), allowing the houses to be placed in an L-shape, so that they can take advantage of their orientation and natural views. This configuration also allowed the pool area to be defined as a central patio, as in the old houses in downtown Valle de Bravo. The project layout has two principal levels: the first level includes the shared entrance, parking area, security, garbage room, service dining area, janitorial services, administration, 36 small storage areas, laundry, service bathrooms, service storage areas and machine rooms. The second level has a patio/corridor that extends the length of the houses and serves as a spatial buffer between the houses and the pool area. The latter is both open and contained, and comprises a wooden deck, Jacuzzi, two swimming pools, a fire pit and a small garden. At the end of the patio/corridor there is a private patio that provides light and tranquility to a room for practicing yoga and a massage room.•

Hierve-Diseñería

Santa María

Proyecto arquitectónico Architectural Design Hierve-Diseñería **Colaboradores** Project Team Alejandro Villarreal (socio), Andrés Casares (director del proyecto), Sugey Ramírez, Gabriela Rosas, Jesús Ramírez, Denisse Novelo y Arturo García Crespo (colaboradores) **Ingeniería estructural** Structural Engineering Moncad **Superficie construida** Constructed Surface Area 2,269 m² **Fotografía** Photography Fernando Cordero y Alejandro Villarreal **Lugar** Location Valle de Bravo, Estado de México, México

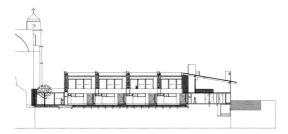

Sección transversal Transversal section

Sección longitudinal Longitudinal section

0   10m

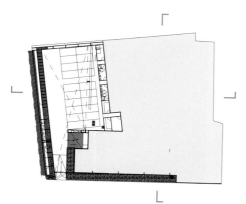

Planta sótano Basement plan

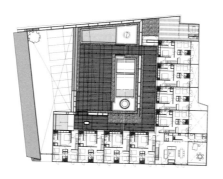

Planta baja Ground floor plan

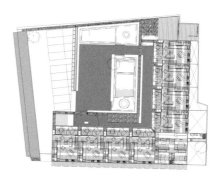

Primer nivel First floor plan

0   20m

La Escuela de Artes Plásticas de Oaxaca se gestó por solicitud del artista Francisco Toledo, en colaboración con la Universidad Autónoma Benito Juárez.

Una premisa importante incorporada al proyecto fue la presencia en el terreno de un juego de pelota mixteco, ocupado los fines de semana por sus jugadores. Asimismo, el edificio contiguo, que fungía como biblioteca, se convertiría en el nuevo centro cultural de la universidad. La escuela fue concebida con dos tipologías de edificios. Los primeros, en piedra, generan la contención contra los taludes y una serie de terrazas habitables. Sus orientaciones corresponden con las caras de los taludes, con patios ingleses y ventanas acotadas en función de los usos: área administrativa, mediateca y aulas, con vista poniente hacia el juego de pelota y a una línea de árboles preexistentes.

La segunda tipología son los edificios exentos a los taludes, todos orientados al norte, a excepción de la galería y el aula magna (norte-sur), construidos con tierra compactada, lo cual no sólo ayuda al carácter del edificio —un sistema orgánico con accidentes que alimentan la riqueza de muros y patios—, sino que constituye un excelente sistema constructivo que permite crear un microclima óptimo para las condiciones climáticas extremas de la ciudad de Oaxaca, así como aislar acústicamente las aulas.•

The School of Visual Arts of Oaxaca was designed at the request of artist Francisco Toledo, in collaboration with the Benito Juárez University. An important premise incorporated into the project was the presence on the plot of land of a Mixtec ball game, used at weekends by players. The adjacent building, which served as a library, would become the university's new cultural center. The school was designed with two types of buildings. The first group, made of stone, provided the containing walls for the taluses and a series of inhabitable terraces. Their orientation corresponds to the faces of the taluses with courtyards and windows determined by the building's functions: the administrative area, media library and halls with a west-facing view of the ball game and a line of pre-existing trees.

The second type of buildings are separate from the taluses, all north-facing except the gallery and main hall (north-south), built on compacted earth. This not only helps the character of the building —an organic system with unevenness that enhances the richness of walls and courtyards— but is also an excellent building system that creates an optimal microclimate for the extreme climatic conditions of Oaxaca city, as well as providing acoustic insulation for the classrooms.•

Mauricio Rocha

Escuela de Artes Plásticas de Oaxaca

Proyecto arquitectónico Architectural Design Taller de Arquitectura-Mauricio Rocha Colaboradores Project Team Mauricio Rocha, Gabriela Carrillo, Carlos Facio, Rafael Carrillo, Francisco López, Silvana Jourdan, Pablo Kobayashi, Francisco Ortiz, Juan Santillán, Camilo Aragón Ingeniería estructural Structural Engineering Grupo Sai Construcción Contractor Cabrera y Asociados Superficie construida Constructed Surface Area 2,270 m² Fotografía Photography Luis Gordoa, Sandra Pereznieto Lugar Location Oaxaca, México www.tallerdearquitectura.com.mx

Sección longitudinal Longitudinal section

Sección transversal Transversal section

0   20m

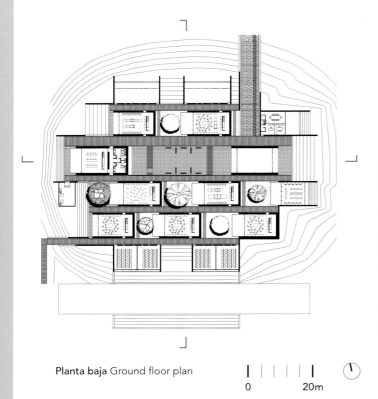

Planta baja Ground floor plan

0   20m

Aventuras en Dermatectura

Un cliente nos contactó para diseñar un hotel de suites corporativas en la Nápoles, una colonia residencial en la ciudad de México que en los últimos años ha visto con rapidez una creciente presencia de oficinas.

Desarrollamos un hotel en el que cada nueva estancia fuera una experiencia completamente distinta. Cada suite tiene una planta y una distribución espacial diferente. Las formas disímbolas se ensamblan como en un tetris gigante para formar una torre. Para culminarla y generar suspenso, la última forma se deja en voladizo… Estas formas, una vez ensambladas, se elevan para dotar de un acceso al edificio. Y para acentuar el carácter específico de las suites, cada forma fue concebida en un material diferente: madera, metal, roca volcánica, mármol, cerámica, piedra de cantera, vidrio.

Cuando la construcción del edificio había comenzado, el cliente cambió repentinamente de parecer y decidió que, desde un punto de vista operativo, era demasiado complicado tener 15 suites distintas. Quería sólo dos tipos de suites: de una sola altura y de doble altura. Quedamos estupefactos.

El cliente nos animó al avisarnos que su decisión era agridulce. La parte agria era perder el concepto original; la dulce, que podríamos conservar la fachada que de verdad le gustaba. Teníamos que ingeniárnosla para adaptar las plantas y reorganizar los interiores sin sacrificar la fachada. Al final, el cliente obtuvo su hotel y nosotros conservamos nuestra fachada.•

Adventures in dermatecture.

A client contacted us to design a hotel for corporate suites in Napoles, a residential neighborhood in Mexico City that has been rapidly converting to office use over the past few years.

We developed a hotel where every recurring visit would be a completely different experience. Every suite would have a different floor plan and spatial arrangement. The different shapes were then assembled like a giant Tetris to form a vertical tower. The tower culminates with the last shape left in a cantilever to generate suspense… The assembled shapes were then raised to provide an entrance to the building. To further accentuate the specific character of the suites, each shape was conceived of a different material: wood, metal, volcanic stone, marble, ceramic, limestone, glass…

When the construction of the building started, the client suddenly changed his mind and decided that from an operative point of view it was too complicated to have 15 different suites. He wanted only two types of suites, the single and the double height. We were shocked.

He encouraged us by letting us know his decision was bitter-sweet. The bitter part was losing the original concept and the sweet part was that we could maintain the façade because he really liked it. We had to find a way to adapt the floor plans and reorganize the interiors without sacrificing the façade. In the end, the client got his hotel and we kept our facade.•

BNKR Arquitectura

Filadelfia
Corporate Suites

Proyecto arquitectónico Architectural Design BNKR Arquitectura Arquitecto asociado Associate Architect Esteban Suárez (socio fundador) y Sebastián Suárez (socio) Colaboradores Project Team Jorge Arteaga y Zaida Montañana Ingeniería estructural Structural Engineering Juan Felipe Heredia Construcción Contractor Franser Superficie construida Constructed Surface Area 2,300 m² Fotografía Photography Héctor Armando Herrera y Fabiola Menchelli Lugar Location México, D.F., México www.bunkerarquitectura.com

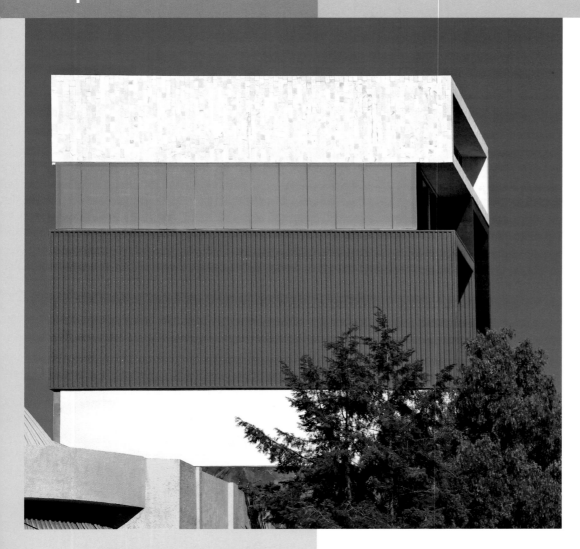

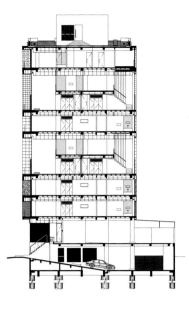

Sección transversal Transversal section

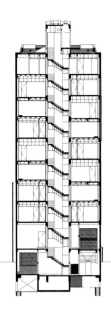

Sección longitudinal Longitudinal section

Tercer piso Third floor plan

Planta alta Upper level plan

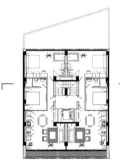

Segundo piso Second floor plan

Quinto piso Fifth floor plan

Planta baja Ground floor plan

Cuarto piso Fourth floor plan

El edificio fue diseñado para alojar locales comerciales y oficinas en un terreno de 900 metros cuadrados, en el corredor comercial de Tlalnepantla, Estado de México. Presenta dos componentes fundamentales: un elemento transparente en el nivel de acceso, y un elemento de apariencia sólida y reflejante, que alberga las oficinas. Su fachada se organizó de manera vertical, permitiendo así la iluminación y ventilación naturales.

El programa arquitectónico se dispuso en tres niveles: un sótano de estacionamiento por el que, gracias a su desplante elevado en el nivel de acceso, penetran la iluminación y ventilación naturales, y se remarcan elementos gráficos que forman parte del diseño del edificio.

La planta de acceso concentra locales comerciales alrededor de un espacio de doble altura. Los locales van de 45 a 75 metros cuadrados; su esquema permite distintas configuraciones, así como frentes interiores y exteriores, lo que maximiza la exhibición.

El primer nivel contiene espacio para ocho oficinas independientes de 45 a 135 metros cuadrados; cada una tiene privacidad y acceso independiente por un corredor y un puente, ambos proyectados hacia la plaza interior. Asimismo, el espacio de doble altura se utiliza para permitir la iluminación natural en las fachadas interiores.

Su volumetría, proyectada como un elemento flotado, le confiere al edificio un carácter sobrio y fuerte en su contexto.•

The building was designed for commercial premises and offices on a 900 m² lot in the business district of Tlalnepantla in the State of Mexico. It has two key components: a transparent element at the entrance level, and a solid and reflective element housing the offices. The vertical façade provides natural lighting and ventilation.

The program was arranged over three levels, with a basement parking lot, naturally lit and ventilated due to the raised entrance level, and incorporating graphic elements that stand out as part of the building's design.

The commercial premises are distributed on the ground floor around a double-height space; they measure between 45 and 75 square meters, and can be arranged in different layouts with interior and exterior frontages to maximize the display area.

The first floor has eight independent offices, measuring between 45 and 145 square meters, each one private and with independent access from a corridor and a bridge, both of which project onto the interior courtyard. The double-height space also floods the interior façades with natural light.

The volumetry, conceived as a floating element, confers the building a sober, solid appearance amid its surroundings.•

AS/D Asociación de Diseño, S.A. de C.V.

PSJ / Plaza Sor Juana

Proyecto arquitectónico Architectural Design AS/D Asociación de Diseño/Fernando Velasco Rivera Torres, Paola Morales Orantes **Colaboradores** Project Team José Muñoz, Eduardo Palomino, Santiago García de Letona, Piergianna Mazzocca **Ingeniería estructural** Structural Engineering César Pérez Carvajal **Construcción** Contractor Punto y Raya Arquitectura y Construcción, S.A. de C.V. **Superficie construida** Constructed Surface Area 2,350 m² **Fotografía** Photography Jeremy Clouser, Piergianna Mazzocca **Lugar** Location Estado de México, México www.asd-architecture.com

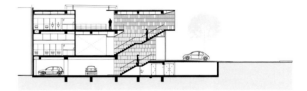

Sección Section

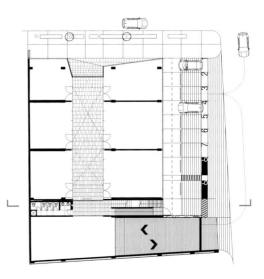

Planta baja Ground floor plan

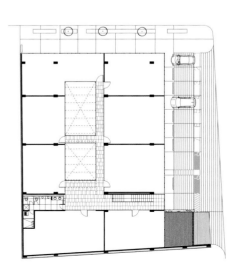

Planta alta Upper level plan

0   10m

El encargo consistió en diseñar un conjunto de locales comerciales en un predio rectangular de una zona residencial de Guadalajara. Una de las primeras directrices que nos planteamos para el proyecto fue la de dotar al conjunto de una presencia urbana que, por un lado, permitiera llenar el vacío urbano existente, pero al mismo tiempo tuviera una escala barrial. A la vez, nos planteamos incorporar espacialmente el supermercado ubicado en un costado para lograr un conjunto comercial. Por estas razones analizamos un partido en "L", que nos permitió cerrar ese vacío urbano y generar una especie de plazoleta que unifica ambos estacionamientos; funcionalmente permitió un gran frente de fachada comercial y se logró, por el frente de calle, una fachada de escala controlada que armoniza con su contexto residencial. Quisimos que las circulaciones tuvieran un flujo continuo para crear un circuito que recorriera todo el centro comercial, tanto en planta baja como en el primer nivel. Para motivar a los usuarios a visitar el primer nivel, dotamos al conjunto con dos escaleras de gran carácter y generosa proporción con una estética particular; éstas unen los circuitos de circulación. Los locales tienen en su mayoría una proporción de 2 a 1, y los locales más grandes fueron estratégicamente colocados en los extremos para generar flujo comercial.•

The commission was to design a complex of commercial premises on a rectangular plot in a residential district of the city of Guadalajara. From the outset our strategy was to give the complex an urban presence, in order to fill the existing gap while respecting the scale of neighboring houses. At the same time, we sought to incorporate an existing supermarket to one side in order to create a shopping mall. We therefore settled on an L-shaped design which allowed us to fill the urban gap and create a small plaza to link both parking lots; this also permitted a long area for storefronts, while the side giving on to the street maintained a smaller-scale façade, to blend in with the residential neighborhood. We wanted the circulation routes to be continuous to create a circuit through the entire shopping mall, on both the ground and first floors. To encourage shoppers to visit the first floor, we incorporated two prominent and generously sized staircases with a prominent design, which link up the circulation routes. The premises themselves are mostly 2-by-1 rectangles, and the larger stores were strategically located at each end to create a through-flow of visitors to the mall.•

Óscar Núñez Arellano y Luis Guillermo Maciel Pérez Verdía

Centro Comercial Atelier Galerías

Proyecto arquitectónico Architectural Design Luis Guillermo Maciel Pérez Verdía, Óscar Núñez Arellano **Colaboradores** Project Team Rocío Avilés Sánchez **Ingeniería estructural** Structural Engineering Acero y Concreto **Construcción** Contractor Perezverdía Arquitectos **Superficie construida** Constructed Surface Area 2,400 m² **Fotografía** Photography Carlos Díaz Corona **Lugar** Location Guadalajara, Jalisco, México

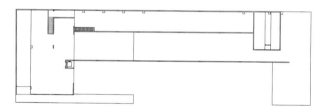

Planta nivel 2 Level 2 plan

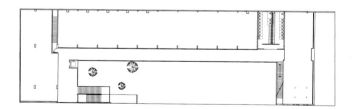

Planta nivel 1 Level 1 plan

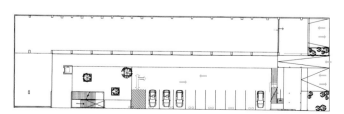

Planta baja Ground level plan

0   10m

El proyecto logró identificar un conjunto de variables de diseño que permiten que la vivienda se valore con el tiempo y que la zona mejore al integrarse al tejido social. Se desarrolló un edificio lo más denso posible, que permitiera financiar el predio que antes era un estacionamiento. El edificio funciona por medio de seis placas de 3.60 metros de ancho y seis patios de iluminación, para dar una máxima superficie de fachada oriente-poniente, la cual permite ventilaciones cruzadas y mejor iluminación de los departamentos ubicados en los niveles más bajos. Todos los espacios habitables ven al poniente; la fachada oriente está cerrada casi en su totalidad para permitir la privacidad de los espacios. En viviendas saturadas es importante la calidad de los espacios, la iluminación y las vistas, por lo que la fachada poniente es un jardín vertical con plantas que cuelgan de las terrazas. El proyecto tiene 60 módulos de 36 m² (medida mínima de vivienda en México). En este ejercicio se mezclaron cuatro tipos de vivienda, que van de 36 m² a 144 m² (de uno a cuatro módulos) y ofrecen la oportunidad de incluir créditos para vivienda mínima o media. El edificio de cinco pisos tiene sólo dos pasillos de circulaciones horizontales, en los pisos 2 y 4. Cada módulo es de planta libre y tiene un muro húmedo para servicios como cocinas y baños, los cuales se pueden programar dependiendo de las necesidades de cada usuario. Los materiales utilizados, concreto y block de cemento aparente, no necesitan maquillaje adicional.•

The project identified a set of design variables for housing to appreciate in value over time and for the zone to improve through integration with the existing social fabric. The building was constructed with the densest possible program to make it possible to finance the property, formerly a parking lot. The building works with six 3.6-meter-wide slabs and six wells to provide natural lighting, to give the east-west façade the largest possible surface area, permitting cross-ventilation and better lighting for the apartments on the lower floors. Each living space faces west, while the east-facing façade is almost completely blind for the sake of privacy. In high-density housing, it is vital to provide high-quality spaces, good lighting and views. Therefore the west façade is a vertical garden with plants hanging down from the balconies. The project includes 60 36 m² modules (the minimum area for housing in Mexico), with four types of apartment ranging from 36 m² to 144 m² (from one to four modules) and makes applications for low—and middle—income housing credits feasible. The five-story building has just two horizontal circulation corridors on the second and fourth floors. Each module is open plan and has a service area for kitchens and bathrooms which can be rearranged depending on each user's need. The building is made of concrete and exposed cinder block and requires no additional finishes.•

at 103

Lisboa 7

Proyecto arquitectónico Architectural Design at 103 sc / Francisco Pardo, Julio Amezcua Colaboradores Project Team Margarita Flores, Tanya Martínez, Hanni Paz, Tiberio Wallentin, Jorge Vázquez, Arturo Peninche Superficie construida Constructed Surface Area 2,700 m² Fotografía Photography Rafael Gamo Lugar Location México, D.F., México www.at103.net

www.lisboa7.com.mx

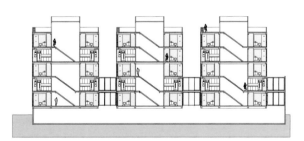

Sección A–A' Section A–A'

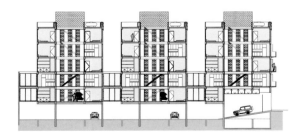

Sección B–B' Section B–B'

0   20m

Planta nivel +10.80 m Plan level +10.80

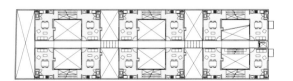

Planta nivel 1 Plan level 1

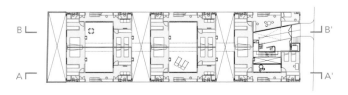

Planta nivel +1.80 m Plan level +1.80

Este edificio colonial nació como hotel: el primero del continente americano. A diferencia de la mayoría de los hoteles coloniales que originalmente fueron conventos o palacios, el Hotel de Cortés fue una hospedería en el siglo xvi, para albergar en la capital a viajeros y monjes. Inicialmente constaba de una sola planta, con celdas o alcobas alrededor de un patio.

El proyecto de actualización del hotel pasó por la restauración de los elementos originales, como son las fachadas interiores y exterior, las escaleras y algunos elementos del acceso, que habían sido dañados en las intervenciones precedentes. Se incorporó una nueva escalera para dar acceso a la azotea, donde se ubican —detrás de un lambrín de madera— las oficinas, las áreas de gimnasio y spa, y el bar de la terraza, que se vuelca sobre una de las mejores vistas de la ciudad.

En la planta baja se intervino el patio: se eliminó una fuente central de los años cuarenta y se crearon distintos ambientes —comedor, lugar para estar, jardín— en cada cuadrante. La recepción, el bar y el comedor ocupan los espacios anexos al acceso. Todos los elementos del mobiliario se diseñaron desde una relectura contemporánea del legado colonial, tallando los arabescos ornamentales en sillas, sillones, bancas y barra de bar.

Los materiales y colores empleados son los indicados por el Instituto Nacional de Antropología e Historia. La fachada de cantera y tezontle se restaura con los mismos materiales, las paredes del patio son rojas y las interiores blancas.•

This colonial building came into existence as a hotel, the first on the American continent. Unlike the majority of colonial hotels, which were originally convents or palaces, the Hotel de Cortés was an inn in the 16th century providing lodging for travelers and monks in the capital. In the early days, it consisted of one floor with chambers or bedrooms surrounding the patio.

The project to refurbish the hotel included the restoration of original features, such as the exterior and interior façades, the stairs and some of the entrance halls, which had been damaged by previous interventions. A new staircase has been added that leads onto the terrace roof where the offices, gym, spa and terrace bar can be found behind wood paneling and which boasts one of the city's best viewpoints.

On the ground floor, the patio has been reconstructed by taking out the 1940s central fountain and creating different settings for each quadrant: a dining area, a sitting area and garden. The reception, dining hall and bar are found in the adjoining areas by the entrance. All the furnishings have been designed in a contemporary reworking of the colonial legacy, carving decorative arabesque into the chairs, armchairs, benches and bar counters.

The colors and materials have been approved by the INAH (National Institute of Anthropology and History). The façade of quarry stone and tezontle volcanic rock has been restored using the same materials and the patio walls are painted red, whilst the interiors are white.•

Diseño de arquitectura Architectural Design **Miquel Adrià Colaboradores** Project Team **Paz Sarabia, María Carrillo, Carolina Simionato, Maui Cittadini Diseño de mobiliario** Furniture design **Emiliano Godoy Superficie construida** Constructed Surface Area **2,726 m² Fotografía** Photography **Tomás Casademunt Lugar** Location **Ciudad de México, México**

Miquel Adrià

Hotel de Cortés

Sección transversal Transversal section

Sección longitudinal Longitudinal section

0   5 m

Planta baja Ground floor plan

Primer piso First floor plan

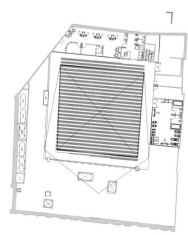

Tercer piso Third floor plan

Las vistas privilegiadas hacia la cañada de este edificio de 12 departamentos, La Diferencia, surgieron el hecho de que de una superficie de 4,450 m² sólo 950 se asignaran para uso habitacional, dejando el resto como área verde. El objetivo era construir un edificio pequeño con departamentos de 170 m², de gran calidad arquitectónica. Como punto de partida se decidió volcar las vistas principales hacia el poniente, del lado de la cañada, dejando hacia el oriente y la calle las zonas de servicio. El edificio se remete del paramento de la calle para dejar una pantalla metálica con vegetación, que se convierte en jardín vertical, creando así un filtro visual y acústico entre el edificio y la calle. Formado por tres niveles con cuatro unidades por piso, el edificio cuenta asimismo con un estacionamiento en un semisótano. Todos los departamentos tienen terrazas hacia la parte posterior. Los del piso superior tienen acceso a la azotea. Hacia la calle se crea un juego de terrazas que confiere dinamismo a la fachada y personalidad propia a cada unidad.•

It was the superb views over the canyon from this 12-apartment building, La Diferencia, that suggested using only 950 m² of the 4,450m² plot for housing, the rest being left as green space. The aim was to construct a small building with high-quality 170m² apartments. The starting point was to orient the principal views towards the west–towards the canyon–leaving the service areas on the eastern, street side of the plot. The building is set back from the street level by means of a metal screen with vegetation growing up it to create a vertical garden that works as a visual and acoustic barrier between the building and the street. The building comprises three floors with four apartments per floor, together with a semi-basement garage. All the apartments have terraces to the rear and those on the top floor also have rooftop access. On the side facing the street a variety of terraces enlivens the façade and confers individuality to each apartment.•

Alberto Rimoch

La Diferencia

Proyecto arquitectónico Architectural Design **Alberto Rimoch Colaboradores** Project **Rodrigo Carvallo, Guillermo Flores Castro Ingeniería estructural** Structural Engineering **Carlos Álvarez Construcción** Contractor **Alberto Rimoch, Rodrigo Carvallo, Marcelino Rodríguez Superficie construida** Constructed Surface Area **2,750 m² Fotografía** Photography **Pedro Hiriart Lugar** Location **México, D.F., México**

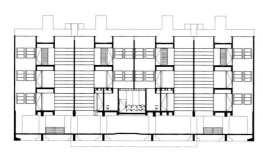

Sección longitudinal Longitudinal section

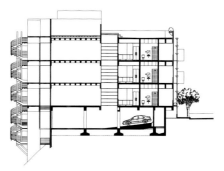

Sección transversal Transversal section

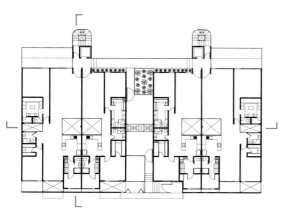

Planta baja Ground floor plan

0   10m

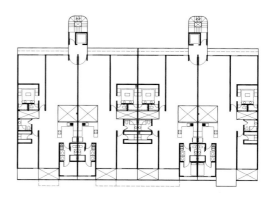

Planta alta Upper level plan

El edificio para los nuevos Talleres para la Innovación del Diseño (TID) se ubica dentro del campus de la Universidad Jesuita de Guadalajara, ITESO, rodeado por los árboles del campus y cercano a otros edificios de estilos muy diversos. Formalmente, se pretendió jugar con elementos y formas que evoquen los distintos campos del diseño arquitectónico, industrial y gráfico, para lograr un espacio familiar al conjunto, pero diferente.

Debido a que es un edificio destinado principalmente a talleres-aula, que incluye equipos que a futuro se renovarán conforme a los avances de la tecnología, se moduló al interior para poder modificarlo con facilidad, conservando las cualidades de infraestructura, iluminación y ventilación. Este último aspecto fue clave en el ordenamiento y el diseño arquitectónico, junto con la intención de crear espacios para estudiar y convivir en el ambiente tradicionalmente informal del ITESO, y en la belleza de sus jardines.

Con el objeto de obtener la certificación LEED Oro (en proceso), el diseño integrado con ingenierías consiguió, además de una disminución de 50% en el consumo de agua, una reducción considerable del equipo de aire acondicionado y un ahorro sustancial en la estructura por la utilización de materiales desechados de otros edificios.•

The building for the new TID design workshops is located on the campus of Guadalajara's Jesuit University, the ITESO, nestled amid trees and near to buildings in a range of styles. From a formal perspective, the intention was to play with elements and shapes to evoke the various fields of architectural, industrial, and graphic design to create a building that is in harmony with yet different to the rest of the complex.

Because the building primarily contains workshops and classrooms, with equipment set to change as technology progresses, the interior was designed to be easily adaptable while preserving high quality infrastructure, lighting, and ventilation—this last a key aspect of the architectural design and layout, along with the idea of creating spaces for students to study and socialize in the informal atmosphere for which ITESO is famed, while enjoying the beautiful gardens.

The design incorporated engineering features—with a view to obtaining LEED Gold certification (pending)—that not only reduce water consumption by 50% but also require much less air conditioning equipment and generate considerable savings in structural costs through the use of materials discarded from other buildings.•

MS + Arquitectura

TID

Proyecto arquitectónico Architectural Design MS + Arquitectura / Gabriel de la Mora Carmona, Pedro A. Paredes Estapé, Miguel Santa Cruz Díaz Santana Colaboradores Project Team Néstor Arana Padilla, Juan Carlos Arauz, Héctor Navarro, Óscar Núñez Arellano, Jaime Ochoa Covarrubias, Severine Schlaepfer Ingeniería estructural Structural Engineering Acero y Concreto, S.A. de C.V. Construcción Contractor Construjal, S.A. de C.V. Superficie construida Constructed Surface Area 1,500 m² Fotografía Photography Mito Covarrubias, Miguel Santa Cruz Lugar Location Guadalajara, Jalisco, México www.msarquitectura.com.mx

Sección longitudinal Longitudinal section

Sección transversal Transversal section

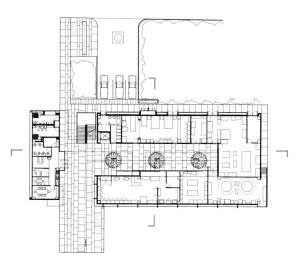

Planta baja Ground floor plan

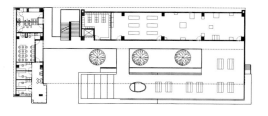

Planta alta Upper level plan

0   10m

El edificio se desplanta un metro sobre el nivel de la banqueta para formar los accesos a dos sótanos de 4.50 metros de altura que albergan equipos de "elevautos".

La fachada se define por sus balcones corridos y una gran celosía de aluminio de distintos colores que cubre el sol del poniente y, al mismo tiempo, se convierte en el gesto formal del edificio.

El esquema del edificio es compacto: concentra toda el área edificable al frente y deja un patio posterior que absorbe la irregularidad del predio. Las plantas se estructuran con columnas en las colindancias y una línea de columnas centrales que se conectan entre sí mediante armaduras, que libran el claro de 10 metros y flexibilizan así su uso. Las circulaciones verticales, junto con los servicios sanitarios, se ubican en la parte frontal del edificio, y maximizan así el área útil.•

The building is raised one meter above the level of the sidewalk to create the entrance to two 4.5 m-high basements that house the car-lift equipment.

The building's façade is defined by two continuous balconies and a large, west-facing polychromatic aluminum brise-soleil that is also the building's leading formal gesture.

With a compact floor plan, the project concentrates living areas to the front and leaves a rear patio to mitigate the plot's irregular shape. The floors' structure consists of columns on the perimeters and a line of central columns, interconnected by frames, that create an 10m² open-plan area and provide great flexibility of use. The front of the building houses the vertical circulations and washrooms, thus maximizing the usable area.•

ZD + A

Valsequillo

Proyecto arquitectónico Architectural Design **Yuri Zagorin Alazraki y Felipe Buendía Colaboradores** Project Team **Eduardo Fernández González, Eugenia Pérez Ingeniería estructural** Structural Engineering **Ismael Vázquez Martínez Construcción** Contractor **Fernando Reynoso Monroy, Agustín Quiñones García, Francisco Vargas Superficie construida** Constructed Surface Area **2,788.50 m²** **Fotografía** Photography **Rafael Gamo, Sandra Pérez-Nieto Lugar** Location **México, D.F., México** **www.zda.com.mx**

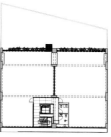

Planta tipo Typical plan

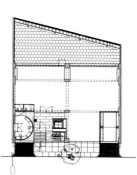

Planta baja Ground floor plan

0   10m

El proyecto plantea el diseño de un espacio de carácter mixto, concebido como escuela que, además de permitir el uso de las tecnologías, potencie el contacto personal entre sus usuarios. El edificio se compone de un núcleo de carácter social y otro intelectual superpuestos (el patio y la biblioteca). Estos espacios se pensaron para albergar sucesos y acciones no necesariamente controlados, y están delimitados perimetralmente por una cinta en la que las funciones, las actividades y el conocimiento se formalizan, como son las aulas y las actividades administrativas.

El programa se agrupa estratégicamente para utilizar las azoteas de los edificios con mayor área de desplante como espacios públicos o patios, y de esta forma ampliar o extender las circulaciones, mimetizándolas con los mismos patios, lo que genera una topología diferente a la que, por convención, suele utilizarse en los espacios educativos, en la que predomina la dualidad aula-pasillo. Para ello, se optó por ubicar el gran espacio público a manera de patio central pero, a diferencia de la mayoría de los espacios educativos, se desplanta en el primer nivel para convertirse en el verdadero "corazón" del edificio y reforzar su carácter público.•

This project—the first phase of a school—is designed as a mixed-use space that not only facilitates the use of technology but also encourages interaction among its occupants. The building has a central core with a dual function, with an academic space (a library) superimposed over a social area (a patio). These areas were designed for events and activities to take place in an unsupervised manner, and they are enclosed within an outer perimeter for formal activities and learning—classrooms and administrative activities.

The program is organized strategically to use the roofs of the buildings with the largest footprint as public spaces or patios, thus increasing or extending circulations to match the patios and thereby create a topology in contrast to that usually found in educational establishments with their predominant corridor-classroom formats. So, unlike in most other educational centers, the large central patio is on the first floor, making it the true "heart" of the building and emphasizing it as a public space.•

Metarquitectura

Prepa Ibero, primera etapa

Proyecto arquitectónico Architectural Design Metarquitectura / Ezequiel Aguilar Martínez **Arquitecto asociado** Associate Architect Sergio Álvarez Coghlan **Colaboradores** Project Team Carolina Montes de Oca Zebadúa, Alicia Medina, Augusto Arias, Mirari Herrero, Marcos Romero **Ingeniería estructural** Structural Engineering Carlos Ruiz Acevedo **Ingeniería eléctrica** Electrical Engineering José Manuel Garrido **Construcción** Contractor José Miguel Gutiérrez Sansano, Fernando Sansano **Superficie construida** Constructed Surface Area 3,000 m² **Fotografía** Photography Patrick López Jaimes **Lugar** Location Puebla, México www.metarquitectura.com

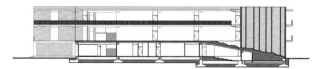

Sección longitudinal Longitudinal section

Planta baja Ground floor plan

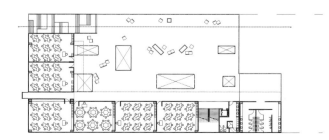

Planta primer nivel First level plan

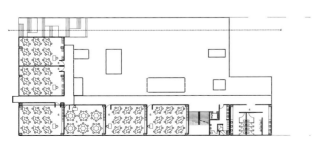

Planta segundo nivel Second level plan

0   20m

El proyecto Casa Luna se ubica en una colonia clásica tapatía, Ciudad del Sol. Esta colonia se formó en los años sesenta y setenta al construirse residencias diseñadas para grandes familias, las cuales ya no cumplen las necesidades actuales. El proyecto se desplanta en el lote de una residencia antigua de 1,800 metros cuadrados. Se diseñó para adultos mayores que, en una nueva etapa de vida, vuelven a estar solos y necesitan espacios prácticos, frescos, que les permitan vivir de manera más tranquila. La integración al contexto se resolvió mediante la continuación de los perímetros de la manzana con piedra braza, material característico de la zona. Al ser el primer edificio vertical contemporáneo en la zona, se planteó con una densidad media e imagen sobria, no ostentosa, que responde a necesidades actuales básicas.

Por su escala, el edificio se estructuró con muros de carga sísmicos, que se utilizaron para generar una piel exterior de concreto de color negro, misma que sustituye trabes y columnas, y permite espacios regulares sin obstáculos. El concreto dota al edificio de un carácter sólido y longevo.

El diseño está impregnado por una visión de diseño sustentable. A partir de un estudio de asoleamientos, se diseñaron las volumetrías y ventilaciones de las fachadas para regular la temperatura del edificio. El proyecto respetó los grandes árboles existentes en el predio, aprovecha un manto freático para riego y utiliza sistemas como son calentadores solares, sistemas de ahorro de agua, iluminación con LED, preparación para celdas fotovoltaicas, entre otros.•

The Casa Luna project is located in a traditional Guadalajara neighborhood called Ciudad del Sol; the area originally comprised residences designed for large families in the 1960s and 1970s but which no longer meet modern needs. Casa Luna is on the lot of a former 1,800m2 residence, and this new project was designed for senior citizens setting out on a new stage in their lives, once again living on their own, requiring practical and fresh spaces for a more tranquil lifestyle. The house blends in with its surroundings by continuing the block's perimeter using local basalt stone. As the first contemporary vertical building in the area, the project was designed to be mid-density with a sober and unostentatious style to meet today's essential needs.

The building's size required earthquake-resistant, load-bearing walls to form a black concrete envelope that replaces beams and columns, creating regular, open-plan spaces. The concrete gives the building a solid and timeless appearance.

A vision of sustainable design runs through the project. The volumetry and ventilation of the façades were designed on the basis of a solar gain study in order to regulate the building's temperature. The project respects the property's pre-existing large trees, uses an aquifer for irrigation, incorporates solar water heaters, water-saving systems, LED lighting, and has fittings for solar panels to be installed, etc.•

Marco Ramírez Torreblanca

Casa Luna

Proyecto arquitectónico Architectural Design Jorge Ramírez Orendáin y Marco Ramírez Torreblanca Colaboradores Project Team Juan Carlos Ramírez, Guillermo Roldán, Ricardo Hernández, Daniel Mejía Ingeniería estructural Structural Engineering Estrudec/Juan Carlos Santos de Anda, Héctor Santos de Anda Construcción Contractor Uno Desarrolladores Superficie construida Constructed Surface Area 3,215 m² Fotografía Photography Marco Ramírez Torreblanca Lugar Location Guadalajara, Jalisco, México www2.unodesarrolladores.com

Sección Section

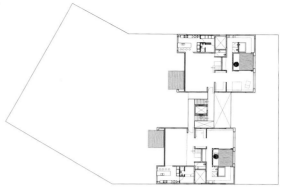

Planta nivel 4 Level 4 plan

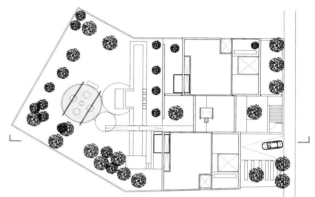

Planta baja Ground floor plan

0   10m

El proyecto consta de 12 departamentos y 20 casas rodeados de árboles y vegetación, que es lo más valioso de todo el conjunto. El terreno tiene una pendiente en la parte posterior por la presencia de una cañada. Ésta forma parte de la red de agua de la ciudad, la cual proviene de los volcanes y montañas cercanos.

Las casas son arreglos simétricos con una circulación principal en el centro, que se convierte en la entrada a cada una de ellas, y en un jardín grande o pequeño en medio del parque del conjunto. Las unidades de departamentos (85 y 90 metros cuadrados) poseen dos plantas con vista al jardín privado del conjunto y a los árboles de la cañada. La vegetación rige el proyecto: las vistas, la circulación hacia las casas, el gimnasio y la piscina se colocaron de manera que se preservara la ubicación original de los árboles.

Tienen dos pisos. La planta baja es la zona pública y de servicio (cocina, comedor, cuarto de servicio, baño, vestíbulo, sala y jardín); el piso superior es la zona privada (tres recámaras y dos baños completos con clósets). El diseño de las casas incluye tecnología pasiva aplicada en los accesos (la orientación de las escaleras) y el estacionamiento, que está marcado por la "caja grande", donde se encuentra la recámara principal de doble altura que da pesadez al acceso del estacionamiento. Esta sensación de pesadez y luz, en combinación con la altura y delgadez de los árboles, recuerda la "casa en el árbol".•

This residential project comprises 12 apartments and 20 houses surrounded by trees and vegetation—the development's most valuable asset. The rear of the plot slopes down towards a ravine which feeds into the city's water mains, bringing water down from the nearby mountains and volcanoes.

The houses are arranged symmetrically and the main, central circulation route creates an entrance to each of them, as well as either a large or small garden in the middle of the complex's open space. The apartment units (85 and 90 square meters) have two floors with views onto the complex's private garden and the trees in the gully. Vegetation is central to the project: access routes to the houses, the gymnasium and the swimming pool were all positioned so as to preserve the original location of the trees.

The houses have two floors: the ground floor is the communal and service area (kitchen, dining room, utility room, bathroom, hall, living room, garden); while the first floor has the private spaces (three bedrooms and two full bathrooms with closets).

The house designs use passive technology for the entrances (the orientation of the stairs) and the parking lot, which is framed by the "large box", containing the main double-height bedroom that adds weight to the garage entrance. This impression of weight and light, combined with the height and slenderness of the trees, is reminiscent of tree houses.•

A.flo Arquitectos México / Serrano Monjaraz Arquitectos

Conjunto San Juan

Proyecto arquitectónico Architectural Design A.flo Arquitectos México / Serrano Monjaraz Arquitectos Colaboradores Project Team Lluvia Martínez, César Reyes y Erik Kobayashi Ingeniería estructural Structural Engineering Convepo, S.A. de C.V. Superficie construida Constructed Surface Area 3,250 m² Fotografía Photography Marcos Betanzos Lugar Location Cuernavaca, Morelos, México www.aflo.mx

Sección Section

0   10m

Planta baja de conjunto Ground floor general plan

El diseño del pabellón parte de la idea de representar a México ante los ojos del mundo, mediante elementos tradicionales mexicanos que no han sido explotados antes en este tipo de ferias. La propuesta se centra en no hacer un edificio protagonista, sino más bien brindar un espacio verde dentro de la exposición que represente a su vez nuestra preocupación e intención de brindar mejor calidad de vida en las ciudades, por medio de la recuperación de las áreas verdes.

El pabellón de México es un volumen definido por un talud que se convierte en una gran plaza y privilegia el espacio público como un gesto de urbanización dentro de la feria. El espacio físico, dividido en tres niveles, representa a su vez tres momentos distintos de la vida de las ciudades en nuestro país. El pasado en el basamento del pabellón, el México del presente en el nivel de acceso y el futuro en la plataforma del talud.

El pabellón utiliza como elemento principal de diseño el papalote, palabra que viene del vocablo náhuatl papalotl que significa mariposa, y lo sitúa como elemento de unión entre las culturas mexicana y china.

La propuesta es mirar el futuro con espacios destinados, pensados y planeados específicamente para el esparcimiento, la recuperación de parques y áreas verdes, donde nuevas generaciones puedan reconocerse en ciudades en las que se pueda vivir mejor. •

The pavilion design is based on the idea of representing Mexico before the gaze of the world, using traditional Mexican elements that have not been previously employed for this kind of expos. The proposal is built around the idea of avoiding a landmark building and instead providing a green space within the exhibition that in turn represents our concern for and intention to create a better quality of life in cities through the restoration of green areas.

The Mexican pavilion is a volume defined by a *talud* (slope), which transforms itself into a plaza privileging public space as an urban gesture within the expo. Space is divided in three levels, which represent three different moments of urban life in our country. The past is represented on the plinth, present time Mexico at the entrance level, and future on the platform.

The pavilion's main feature lies within the design of the *papalotes* (kites), a word that comes from the Nahuatl *papalotl*, which means butterfly, used as a cultural meeting point between Mexican and Chinese cultures.

Our proposal is to look into a future with areas that are thought, destined and planned specifically for leisure, the recovery of parks and green areas, where new generations might come together in cities where they can live better.•

Juan Carlos González, Israel Álvarez, Moritz Melchert, Mariana Tello, Édgar Ramírez

Pabellón de México en Shanghai

Proyecto arquitectónico Architectural Design Slot / Juan Carlos González Vidals, Israel Álvarez Matamoros, Moritz Melchert, Mariana Tello Rodríguez, Édgar Octavio Ramírez Corrales Colaboradores Project Team Michel Trejo, Aarón Hernández, Efraín Ovando Ingeniería estructural Structural Engineering Margain y Asociados / Fernando Valdivia Superficie construida Constructed Surface Area 3,500 m² Fotografía Photography Iwan Bann Lugar Location Shanghai, China

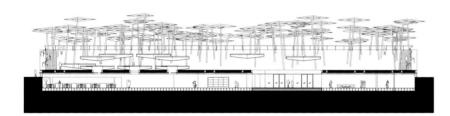

Sección longitudinal Longitudinal section

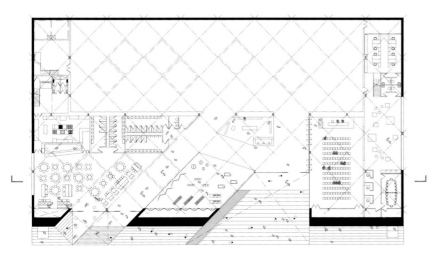

Planta baja Ground floor plan

0   20m

La Parroquia de San Josemaría Escrivá de Balaguer está conformada por el trazo de dos elipses, representación de un pez (*ichtus*) —uno de los más tradicionales símbolos cristianos—, inscritas en siete rectángulos áureos, como dos superficies alabeadas que se elevan y convergen para crear una cruz diagonal orientada al norte, que deja pasar la luz natural al interior del templo. En su interior, la iglesia está recubierta con duelas de madera y zinc que generan texturas y movimiento en los muros, como un elemento acústico que absorbe ecos y evita rebotes de sonido. En las fachadas exteriores, módulos de zinc en forma de escamas generan un caparazón aislante y flexible que define la estructura erigida sobre una base de piedra. El conjunto adquiere su forma por medio de réplicas paralelas a partir del edificio principal, el cual destaca desde el nártex por su altura y organización espacial, sugiriendo una relación con el exterior por medio de puertas automatizadas que se abren al atrio lateral, permiten ver el espejo de agua del patio principal y amplían la capacidad del edificio. Desde este patio se desciende a la planta inferior, donde se encuentran la librería, las oficinas parroquiales, las aulas del centro de formación, una pequeña capilla debajo del presbiterio y las criptas del rosario, hechas a base de granito y ónix, iluminadas en su interior. Estos espacios se integran al concepto formal de la iglesia, que desfasa una verticalidad volumétrica con curvas insertas en la silueta urbana de Santa Fe y en el distrito financiero de la ciudad de México.•

The San Josemaría Escrivá de Balaguer Parish is formed by the outline of two ellipses, representing a fish (ichthus)—one of the most traditional Christian symbols—set within seven golden rectangles, like two warped surfaces that rise up and converge to form a di-agonal cross that allows natural light to enter the interior of the building and draws attention to the materials. Inside, the church is finished with wood and zinc, which generates texture and movement in the walls, as an acoustic element which helps to absorb echoes. On the external façades, scale-like zinc modules create a flexible shell that defines the structure, which is raised up on a stone base. The principal building is what gives the complex its form, the narthex of which stands out with its height and spatial organization, while a relationship with the exterior is suggested by the automatic doors that open onto the side atrium and allow views towards the reflecting pool in the main courtyard and expand the capacity of the building. This courtyard area leads down to the lower level, which comprises a bookshop, the parish offices, the educational center classrooms, a small chapel under the presbytery and the rosary crypts, formed from granite with a number of illuminated onyx niches inside. These spaces are integrated into the formal concept of the church, which inserts curves into a vertical volume, within the urban outline of Santa Fe and Mexico City's financial district.•

Javier Sordo Madaleno

Iglesia y Centro Comunitario Sta. Fe

Proyecto arquitectónico Architectural Design Javier Sordo Madaleno Bringas, Javier Sordo Madaleno de Haro, Jorge Isaías Guerrero, Jaime Krasowsky Ingeniería estructural Structural Engineering Marcos Hernández R., Mario Rogero Jiménez Superficie construida Constructed Surface Area 4,671 m² Fotografía Photography Timothy Hursley Lugar Location México, D.F., México
www.sordomadaleno.com.mx

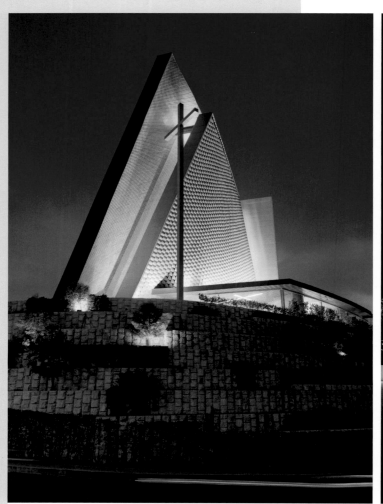

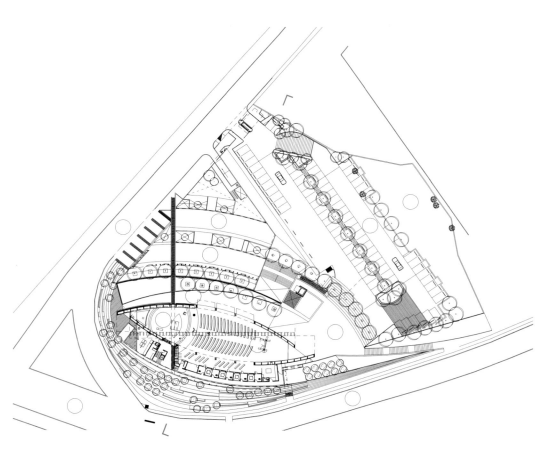

Planta baja Ground floor plan

0   10m

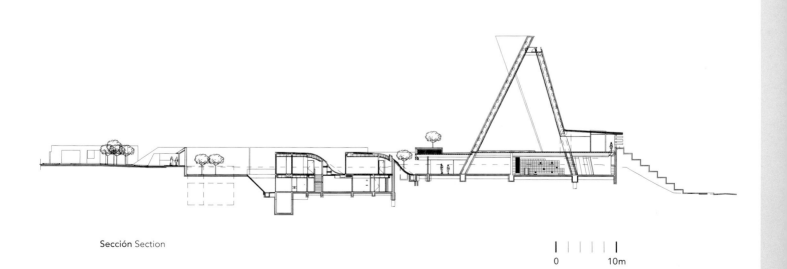

Sección Section

0   10m

El edificio se ubica en la Ciudad Universitaria al sur de la ciudad de México, en un predio destinado a edificios de posgrado y que tiene las características propias de la zona al ser un terreno rocoso, por lo que se determinó que el concepto del edificio respondiera al entorno y a los lineamientos arquitectónicos de la Universidad Nacional Autónoma de México (UNAM).

El proyecto emerge de un basamento de piedra que consiste en dos volúmenes que se intersectan entre sí, uno de ellos se apoya sobre el otro formando un transepto con volados en sus extremos. El primer volumen enmarca la reserva ecológica de la universidad.

Dicho encuadre visual es el eje de comunicación directo a los otros edificios, y se articula con una plaza hacia el estacionamiento.

En el vestíbulo del acceso principal se colocaron paneles de azulejo diseñados por el artista oaxaqueño Francisco Toledo. Este espacio comunica con la biblioteca, un auditorio y el segundo nivel que integra un área con salas multimedia, cubículos, aulas y áreas de descanso para profesores.

Un tercer nivel contiene espacios para profesores e investigadores y se aprovecha la azotea para ubicar un jardín y terrazas.•

The building is located in University City in the south of Mexico City, on a plot of land assigned to postgraduate buildings which possesses the typical rocky characteristics of the area. As such it was decided the concept of the building should respond to the surroundings and to the architectural guidelines established by the National Autonomous University of Mexico (UNAM).

The project rises from a stone plinth that comprises two intersecting volumes, one of which rests on the other to form a transept with cantilevered sections at either end. The first volume frames the University's ecological reserve.

This visual framing forms the direct communication axis to the other buildings, connected to the parking lot via a plaza.

In the principal entrance lobby tile panels designed by the Oaxaca artist Francisco Toledo were installed. This space connects to the library, an auditorium and the second level, which comprises a zone of multimedia rooms, offices, classrooms and relaxation areas for academic staff.

A third level houses spaces for teaching and research staff and avails of the roof area to create a garden and terrace.•

Legorreta + Legorreta

Posgrado de la Facultad de Economía

Proyecto arquitectónico Architectural Design **Legorreta + Legorreta / Ricardo Legorreta, Víctor Legorreta, Miguel Almaraz, Adriana Ciklik, Carlos Vargas Colaboradores** Project Team **Gerardo González, Luis Oviedo, Beatriz Moctezuma, Víctor Rentería Superficie construida** Constructed Surface Area **5,529 m² Fotografía** Photography **Allen Vallejo Lugar** Location **México, D.F., México** www.legorretalegorreta.com

Planta nivel 2 Plan level 2

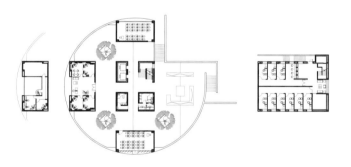

Planta nivel 1 Plan level 1

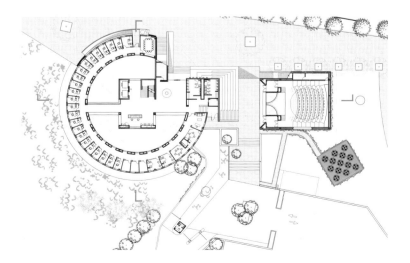

Planta baja Ground floor plan

0   10m

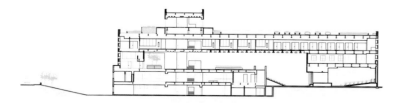

Sección longitudinal Longitudinal section

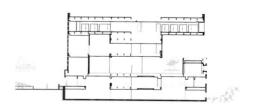

Sección transversal Transversal section

Ubicado en San Miguel de Allende, Guanajuato, el conjunto Rincón de Santa María, cuenta con 23 casas, además de andadores y plazas, en los que se reelabora con criterios contemporáneos la atmósfera formal y vivencial de las construcciones propias del lugar, de los siglos XVII, XVIII y XIX. A partir del criterio de unidad en la variedad, el conjunto cuenta con cuatro prototipos de vivienda, denominados casa patio, casa sol, casa luz y casa tapanco. Si bien todos los prototipos forman y viven el conjunto, y comparten como nodo principal de convivencia una plaza común, cada uno de ellos, con un criterio intimista, se ordena y se vuelca hacia amables patios interiores. Estructuras metálicas aparentes, más componentes de madera y el cobijo protector de los muros, terminados con aplanados y colores de esa tierra, delimitan y definen los espacios que fluyen serenamente a través de formas geométricas simples.•

Located in San Miguel de Allende, Guanajuato, the Rincón de Santa María housing development includes 23 houses, pathways and plazas, in a contemporary approach to the formal, residential ambience of local buildings from the 17th, 18th, and 19th centuries. Based on the criteria of unity through variety, the development has four prototype houses: Casa Patio, Casa Sol, Casa Luz, and Casa Tapanco. While the various prototypes make up the complex and share a central communal plaza, each is a private space arranged around welcoming interior patios. Spaces are defined and demarcated by a smooth sequence of simple geometrical shapes: exposed metal structures, wooden elements, and protective walls leveled and painted with colors found locally.•

Sánchez Arquitectos y Asociados

Conjunto Rincón de Santa María

Proyecto arquitectónico Architectural Design Sánchez Arquitectos y Asociados / Luis Sánchez Renero, Félix Sánchez Aguilar, Gustavo López Padilla, Fernando Mota Fernández **Colaboradores** Project Team Citlali Ovando González, Ricardo Soriano Sánchez, José Luis González Vázquez, Tomás Zarate Delgado **Ingeniería estructural** Structural Engineering SG Ingenieros, José Luis González Vázquez **Construcción** Contractor Valente Lara Razo **Superficie construida** Constructed Surface Area 7,200 m² **Fotografía** Photography José Lander Rodríguez Somonte, Paúl Rivera **Lugar** Location Santa María del Obraje, San Miguel de Allende, Guanajuato, México

Planta Plan

0   10m

El Museo Memoria y Tolerancia se propone denunciar los genocidios de nuestro tiempo. Consta esencialmente de dos secciones: una dedicada a la Memoria, donde se documentan los horrores, y otra a la Tolerancia, donde se aboga por la coexistencia pacífica y el respeto a la diversidad. La concepción arquitectónica se relaciona de manera formal con estos contenidos.

El edificio de cinco niveles se desplanta sobre un basamento que cierra la plaza del conjunto Juárez. En el centro del gran vacío central flota el Memorial de los Niños: un cubo blanco con una envolvente que reinterpreta la rama de olivo —obra del artista Jan Hendrix—, en recuerdo de dos millones de niños exterminados en genocidios.

El recorrido inicia en el nivel superior, con vistas sobre el Palacio de Bellas Artes, la sede del Poder Judicial capitalino, la Secretaría de Relaciones Exteriores y la Alameda. El recorrido de salas es un descenso por los tres niveles superiores, minetras se contemplan documentos sobre los genocidios perpetrados por el régimen nazi, por los turcos contra los armenios, así como los ocurridos en la ex Yugoslavia, Ruanda, Guatemala, Camboya y Darfur.

Al salir del Memorial de los Niños, se transita por un corredor abierto que remata en un mural del artista Gustavo Aceves. Desde allí se ingresa a la exhibición dedicada a la tolerancia, la cual concluye en un espacio aislado que invita a la reflexión, obra de la artista Helen Escobedo.•

The Museo Memoria y Tolerancia exists to condemn the genocides of our era. It has two sections: one dedicated to Memory, where the horrors are documented, and the other to Tolerance, with a plea for peaceful coexistence and respect for diversity. The architectural concept relates formally to these aims.

The five-story building is constructed on a base that completes the plaza of the Juárez building complex. In the middle of the large void floats the Memorial de los Niños: a white cube with cladding that takes up the idea of an olive branch—the work of artist Jan Hendrix—in memory of two million children killed in genocides.

The route begins on the upper floor, with views onto the Palace of Fine Arts, the headquarters of Mexico City's Judiciary, the Ministry of Foreign Affairs building, and the Alameda. The path through the galleries descends through the three upper levels, with displays of documents about genocides committed by the Nazi regime, by the Turks against the Armenians, as well as those that took place in the former Yugoslavia, Rwanda, Guatemala, Cambodia, and Darfur.

On exiting the Memorial de los Niños, visitors pass along an open-air corridor which ends at a mural by artist Gustavo Aceves. This leads to the gallery devoted to tolerance and then to a secluded space for contemplation, the work of artist Helen Escobedo.•

Arditti+RDT Arquitectos

Proyecto arquitectónico Architectural Design **Arditti+RDT Arquitectos** Superficie construida Constructed Surface Area **7,500 m²** Fotografía Photography **Paul Czitrom & Arturo Arditti** Lugar Location **Ciudad de México, México www.ardittiarquitectos.com**

Museo Memoria y Tolerancia

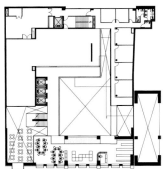

Planta nivel 2 Level 2 plan

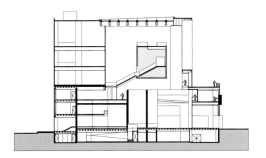

Sección Section

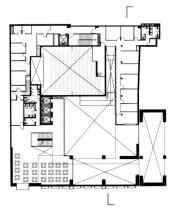

Planta nivel 1 Level 1 plan

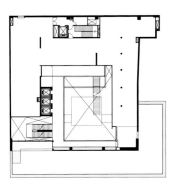

Planta nivel 3 Level 3 plan

0   10m

Se trata de un museo interactivo infantil integrado por cuatro pabellones temáticos o salas de exhibiciones interactivas de 400 m² cada una, un pabellón para pequeños de 300 m² y una sala para exposiciones temporales de 300 m². El conjunto está equipado con una sala de proyecciones 3D, salón de usos múltiples, tienda, restaurantes, además de un estacionamiento para 600 autos y los servicios de apoyo necesarios para el funcionamiento del museo.

El compromiso urbano implícito en el emplazamiento del museo, y una idea de "equilibrio color-forma" para un edificio que será usado en su mayoría por niños, son algunos de los conceptos que prefiguran la solución arquitectónica. La expectativa es que el edificio sea coherente con la visión lúdica a la que alude el nombre: el juego del "avión" conocido allí como el "bebeleche". Optamos por una interpretación del juego a partir de su linealidad y dinamismo, y presentamos la idea de que la arquitectura puede asirse del diseño gráfico para encontrar justificación de propuestas de color y material.

El museo está compuesto por una serie de "cajas" que responden a la paleta temática del museo. Esta volumetría policromática está integrada, a su vez, por una galería de circulación doble que contiene jardines interiores y envuelve los pabellones. La disposición de los cuerpos permite que el museo pueda recorrerse de diversas maneras y hace posible el receso entre cada sala. La disposición lineal de las galerías recompensa el final del recorrido con el jardín-plaza de juegos infantiles a la intemperie, donde confluyen los visitantes al juego como actividad integradora y generadora de conocimiento.•

This interactive children's museum has four 400m² thematic pavilions or interactive exhibition halls, a 300m² children's pavilion, and a 300m² 3D movie theater, a multi-purpose room, store, restaurants, a parking lot for 600 cars, and the requisite museum support services.

The architectural program derived from the museum's urban location, showing its commitment to the area, and from the building's "color-shape balance" that is suited to its main users—children. The building was expected to match the playful tone suggested by its name: "bebeleche" is the local word for hopscotch. We chose an interpretation of the game for its linear and dynamic quality, and put forward the idea that architecture can go hand in hand with graphic design to justify the use of certain colors and materials.

The museum is formed by a series of "boxes" which make use of the museum's thematic colors. In turn this polychromatic volume consists of a gallery for a two-way circulation with interior gardens and which envelops the pavilions. The various bodies are arranged so that visitors can take several routes through the museum and allows for breaks between each exhibition hall. The galleries' linear layout eventually leads to an outdoor garden-playground where visitors can play in a social and learning environment.•

Taller JVdM / Arquitectura

Museo Bebeleche

Proyecto arquitectónico Architectural Design Jorge Vázquez del Mercado Benshimol Colaboradores Project Team Óscar Sanginés, Valeria González, Eduardo Hernández, Abraham González Ingeniería estructural Structural Engineering Francisco Hernández Corres Construcción Contractor Santiago Antonio Cardoza Nevárez Superficie construida Constructed Surface Area 8,150 m² Fotografía Photography Luis Gordoa Lugar Location Durango, Durango, México
www.vazquezdelmercado.com.mx

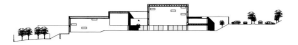

Sección A–A' Section A–A'

Sección B–B' Section B–B'

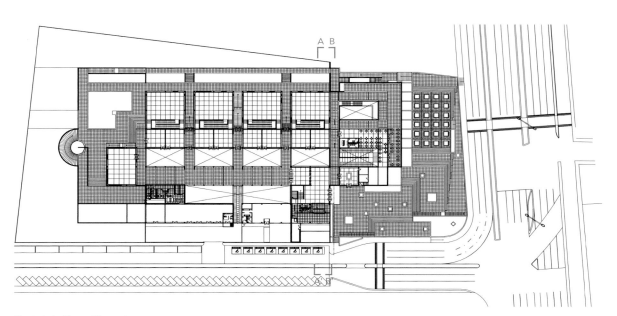

Planta baja Ground floor plan

0   20m

El centro consiste en un complejo de edificios cuya función es informar y sensibilizar a los visitantes sobre la importancia de la reserva, en términos hidrológicos y biológicos, así como resaltar la urgencia de su conservación. Incluye oficinas administrativas y de investigación, dormitorios, un auditorio, vestíbulo de acceso y tres galerías interpretativas, además de un centro de atención para visitantes con restaurante-terraza, biblioteca y tienda.

El primer acercamiento consistió en fragmentar el proyecto en varios módulos independientes de menor escala, pero interconectados mediante andadores elevados (senderos interpretativos) que integran de manera alternada el exterior con el interior, y generan un recorrido en contacto con el paisaje y la vegetación nativa. La forma de cada uno de los edificios responde a la topografía y a la presencia de vegetación, reduciendo al mínimo el contacto con el terreno natural y permitiendo el flujo del agua de lluvia y de las especies animales y vegetales.

El uso de un sistema constructivo ligero se determinó como lo más adecuado para las condiciones climáticas existentes. El recubrimiento de lámina de acero ondulada genera sombra e incrementa la superficie de exposición al viento, reduciendo la condensación interior y el mantenimiento. Cubiertas ajardinadas y muros verdes contribuyen tanto a la eficiencia del envolvente como a la integración visual al paisaje.•

The CIE is a building complex which seeks to inform and raise visitors' awareness about the reserve's hydrological and biological importance and to underscore the importance of its conservation. It includes administrative and research offices, dormitories, an auditorium, entrance hall, and three interpretative galleries, as well as a visitors' welcome center with a restaurant-terrace, library, and store.

The initial approach involved breaking down the project into various smaller, independent modules that are interconnected by raised walkways (interpretative paths) which alternately integrate the exterior with the interior, to form a pathway through the native flora and with views onto the surrounding landscape. The shape of each building responds to the topography and the presence of vegetation, minimizing contact with the ground itself thus allowing rainwater to flow freely and without interfering with the local animal and plant life.

A light structure was the best option given the local climate. The corrugated steel sheet envelope provides shade and increases the exposed surface area to the wind, reducing interior condensation and maintenance. Green roofs and walls enhance the envelope's efficiency while also blending into the surroundings.•

Ecoarquitectura

Proyecto arquitectónico Architectural Design **Carlos Miranda, Ecoraquitectura Ingeniería estructural** Structural Engineering **Maíz Proyectos Superficie construida** Constructed Surface Area **8,650 m²** Fotografía Photography **Jorge Taboada Lugar** Location **Reserva de la Biosfera del Cielo, Gomez Farías, Tamaulipas, México www.ecoarquitectura.com.mx**

Centro Interpretativo Ecológico (CIE)

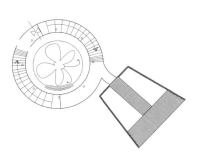

Planta alta taquilla Ticket office upper level plan

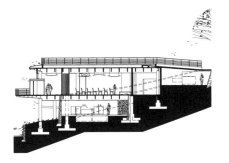

Sección multiteatro Multipurpose section

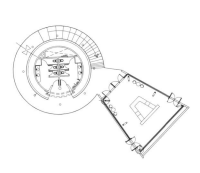

Planta baja taquilla Ticket office ground level plan

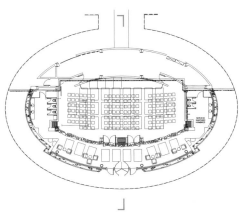

Planta multiteatro Multipurpose room plan

Sección restaurante Restaurant section

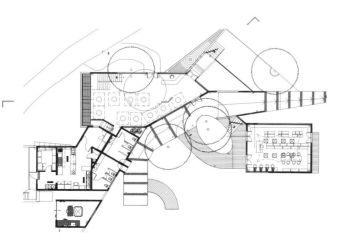

Planta restaurante Restaurant plan

0   5m

El proyecto se sitúa en el límite entre los tejidos urbano y rural del municipio de San Andrés Cholula, en el área destinada para la ciudad judicial del estado de Puebla. Dos premisas de diseño, íntimamente ligadas entre sí, fundamentan el proyecto: las orientaciones del edificio y su funcionamiento específico.

La primera premisa consiste en la protección y búsqueda de diferentes orientaciones derivadas de la operación diaria del Tribunal. La orientación norte corresponde a las áreas sustantivas de las salas, con la intención de captar la luz natural ideal para la lectura y la concentración, así como propiciar el ahorro de energía. La orientación sur, protegida con parasoles horizontales, intensifica la luz en el interior del edificio, equilibrando de manera natural la temperatura del mismo. Finalmente, la protección total con dos grandes muros de concreto evita la incidencia directa del sol en el oriente y el poniente.

La segunda premisa garantiza la operación, seguridad y privacidad de las diferentes áreas del programa arquitectónico. De forma lineal, el edificio funciona a manera de esclusas horizontales, de modo que se accede a él por el espacio más público y se transita hacia el interior por los espacios de circulación y servicios, y desde las áreas semipúblicas hasta las áreas de acceso controlado.•

This courthouse building is located between the urban and rural areas of the San Andrés Cholula municipal district, in the zone designated for the state of Puebla's judiciary buildings. The project has two underlying and closely-related design concepts: the building's orientation and its specific function.

The first concept involved protecting and searching for different orientations based on the courthouse's daily activities. The north-facing side houses the main courtroom activities and receives natural lighting—ideal for reading and concentration while also reducing energy consumption. The southern side is sheltered by horizontal brise-soleils, enhancing the lighting within the building and ensuring an even temperature in a natural manner. And on the west and eastern sides, two large concrete walls offer complete protection by preventing direct exposure to sunlight.

The second concept is about guaranteeing the operation, security, and privacy of the project's various areas. Linearly, the building works in a similar way to canal lock gates: from the public entrance area, the route toward the interior passes through circulation spaces and service areas, from the semi-public to the restricted-access part of the building.•

Mauricio García Cué

Salas Regionales de Oriente

Proyecto arquitectónico Architectural Design **Mauricio García Cué Colaboradores** Project Team Raymundo González Pérez, Carlos Albarrán Ríos, Martín Hernández Zepeda, César Balmes Patiño, Rubén Arellano Varela **Ingeniería estructural** Structural Engineering **Carlos Ruiz Acevedo Ingeniería eléctrica** Electrical Engineering **Cadae Ingenieros, S.C., Carlos Álvarez Peláez, Luz Piedad Hoyos Cárdenas Construcción** Contractor **Constructora Casver, S.A. de C.V. Superficie construida** Constructed Surface Area **8,800 m² Fotografía** Photography **Luis Gordoa Hernández, Rubén Esparza Calderón Lugar** Location **San Andrés Cholula, Puebla, México www.metarquitectura.com**

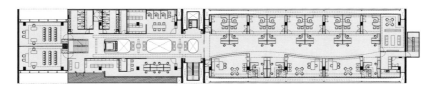

Planta nivel 3 Plan level 3

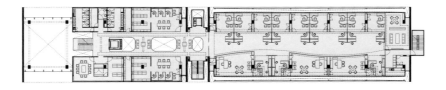

Planta nivel 1 y 2 Plan level 1 and 2

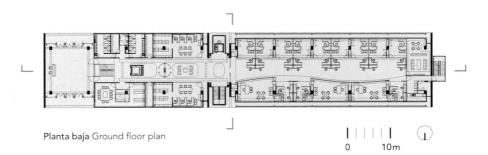

Planta baja Ground floor plan

0　　　10m

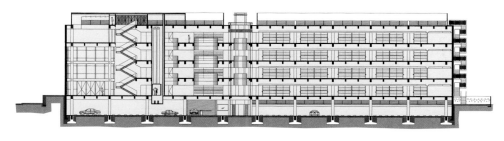

Sección longitudinal Longitudinal section

Sección transversal Transversal section

El proyecto se desarrolla en un partido de crujía rectangular en el fondo del predio, respetando una estructura existente que alberga talleres y gran parte del programa arquitectónico mediante espacios abiertos que rematan en sus extremos con el teatro, la biblioteca y la ludoteca del centro.

En el corazón del proyecto se encuentra un atrio cubierto con acrílico traslúcido delimitado en sus costados por planos de rejilla Irving, que brindan la seguridad a la que obliga la zona, pero sin perder transparencia y permitiendo el paso del aire y la iluminación de una forma segura y elegante.

El edificio posee accesibilidad total al estar cortado transversalmente por rampas y puentes que conectan todos los espacios, además de haberse diseñado con materiales aparentes que no requieren mantenimiento frecuente.

Durante la noche, el edificio se torna en un difusor urbano de luz que contrasta con su forma de caja oscura diurna, buscando así convertirse en símbolo local, en referencia como foro de disciplinas artísticas para el desarrollo de toda la comunidad, y en una celebración del espacio público y la diversidad cultural.•

This arts center is located in a rectangular space between two supporting walls in an area to the rear of the plot. Its open spaces respect an existing structure with workshops as well as a large part of the architectural program, with the center's theater, library, and game library at each end.

At the heart of the project there is an atrium with a translucent acrylic roof, bordered by areas of steel grating to meet local security requirements. At the same time this preserves transparency by allowing natural lighting and ventilation—a safe and elegant solution.

The center offers unobstructed access with ramps and bridges that run its entire length and connect the various spaces, and the exposed construction materials make for a low-maintenance building.

In contrast to its appearance as a dark box during the day, at night the center becomes an urban light diffuser; it seeks to become a local symbol, an arts forum for the whole community, and a celebration of public space and cultural diversity.•

Raúl Peña, Héctor Garduño, Carlos García, Eileen García

Centro de Artes Santa Úrsula

Proyecto arquitectónico Architectural Design Raúl Peña Arias, Héctor Garduño, Carlos García Reyna, Eileen García Rodríguez / Coordinación de Proyectos Especiales de Vinculación, Facultad de Arquitectura, Universidad Nacional Autónoma de México **Ingeniería estructural** Structural Engineering Vicente Robles Jara, Jorge González Parrodi **Construcción** Contractor Gerardo Martín Orozco **Superficie construida** Constructed Surface Area 9,000 m² **Fotografía** Photography Raúl Peña Arias, Alberto Moreno Guzmán **Lugar** Location Santa Úrsula Coyoacán, México, D.F., México

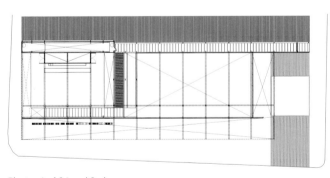

0   10m

Planta nivel 3 Level 3 plan

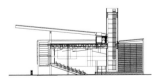

Sección transversal Transversal section

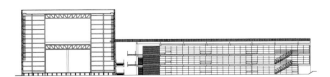

Sección longitudinal Longitudinal section

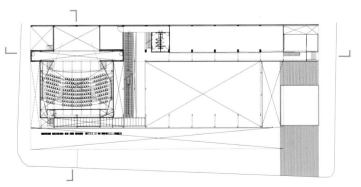

Planta nivel 2 Level 2 plan

Emplazado en un predio que en su origen fue de uso industrial, de 20,700 m² de superficie, en Tlalnepantla, Estado de México, el conjunto habitacional Maple de Natura es un proyecto de vivienda vertical planeado para desarrollarse en varias etapas. La primera etapa propone 48 departamentos que se distribuyen en un bloque de concreto de seis niveles de altura y dos de sótano para estacionamiento.

Un hábitat en contacto con la naturaleza es la propuesta de la obra. La creación de azoteas ajardinadas, las extensas áreas verdes y las referencias a la naturaleza impresas en sus fachadas, son los elementos que complementan esta idea.

La obra fue seleccionada por la calidad de ejecución y por la utilización de muros de concreto expuesto como sistema estructural central, así como por presentar un sólido lenguaje arquitectónico.

La reproducción en el concreto de las formas orgánicas y las perforaciones ornamentales muestran un uso creativo e innovador en el cimbrado, el cual permitió que cada sección tuviera sus propias formas irregulares y texturas diferentes.•

Located on a property that was originally used for industrial purposes, with a surface area of 20,700 m² in Tlalnepantla, State of Mexico, the Maple de Natura residential complex is a vertical residential project designed to be developed in various stages. The first stage contemplates 48 apartments distributed across a six-story concrete block with two underground parking levels.

A habitat in contact with nature is the proposal for the work. The creation of roof gardens, extensive green spaces and references to nature imprinted on the façades are elements that complement this idea.

The project was chosen because of the quality of its execution and because of the use of exposed concrete as a central structural system, as well for displaying a solid architectural language.

The reproduction in concrete of the organic forms and the ornamental perforations demonstrate a creative and innovative use of formwork, which allows each section to have its own irregular forms and different textures.•

Archetonic

Maple de Natura

Proyecto arquitectónico Architectural Design Jacobo Micha Mizrahi Construcción Contractor Jacobo Micha Mizrahi Superficie construida Constructed Surface Area 9,899 m² Fotografía Photography Héctor Velazco, Aldo Moreno y Tomás Casademont Lugar Location Tlalnepantla, Estado de México, México www.archetonic.com.mx

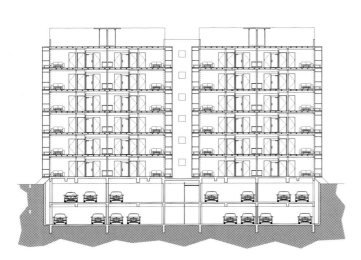

Sección transversal Transversal section

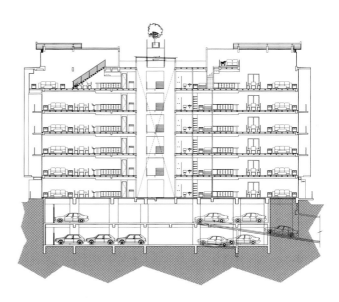

Sección longitudinal Longitudinal section

```
| | | | | |
0     5 m
```

Segundo piso Second floor level plan

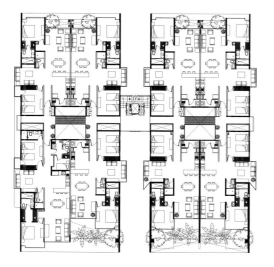

Primer piso First floor plan

Planta baja Ground floor plan

0   5 m

Ubicado en el Centro Cultural Guanajuato de la ciudad de León, en la zona de desarrollo comercial y a un costado del Centro de Exposiciones y Convenciones, el teatro se plantea como ícono de la vida urbana y como remate del Conjunto de las Artes; acompaña al Museo de Historia Regional, a la Biblioteca Pública y a la Escuela de las Artes.

Tres elementos básicos configuran el esquema arquitectónico: vestíbulo, sala y área técnica. Una gran cubierta recibe la plaza de acceso y contiene todos los elementos formales. En su composición destacan dos fundamentales: el espacio que opera como vestíbulo y la sala como volumen principal. La cubierta, a manera de gran sombra, unifica las diferentes respuestas formales. Un gran bloque, el área técnica alimentada desde el estacionamiento, bloquea el sol del poniente.

El vestíbulo se retrae para generar un espacio exterior destinado a actividades al aire libre y como transición hacia el espacio interior.•

This theater, located in the Centro Cultural Guanajuato in the city of León's thriving commercial district alongside the convention center, is designed as an icon of urban life, the finishing touch to the art complex – together with the Regional History Museum, the Public Library, and the Art School.

The architectural program has three core elements: the foyer, the auditorium, and the technical area. A large roof covers the entrance court and all the formal parts of the building. It performs two principal functions: the space acts as a foyer and the auditorium as the main volume. The roof, like a great parasol unifies the various formal aspects. The technical part of the building is a large block connected to the parking lot, providing shade from the west.

The foyer is set back to create an exterior space for open-air activities and as a transitional space between the interior and exterior.•

Augusto Quijano Axle

Teatro del Bicentenario

Proyecto arquitectónico Architectural Design Augusto Quijano Axle, Javier Muñoz Menéndez, Jorge Carlos Zoreda Novelo **Ingeniería estructural** Structural Engineering Colinas de Buen, S.C. **Construcción** Contractor Gobierno del Estado de Guanajuato **Superficie construida** Constructed Surface Area 21,481 m² **Fotografía** Photography Archivo Augusto Quijano Arquitectos **Lugar** Location León, Guanajuato, México

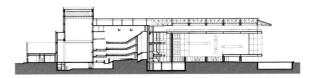

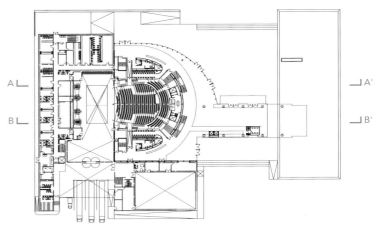

Planta baja Ground floor plan

0   20m

La regeneración de una playa, a partir de una inteligente solución urbana y de una arquitectura simple y funcional, permitió consolidar un área pública tradicional como espacio de convivencia y disfrute de los habitantes de La Paz, Baja California. El desarrollo ha favorecido la integración familiar, la recreación y el esparcimiento de la población, sin distinciones de clase social, económica o física. El parque acuático El Coromuel se desarrolla frente a la bahía de La Paz y consta de una serie de edificaciones en diversas escalas que se integran a la topografía del lugar. Un teatro al aire libre, muelle, restaurantes, locales comerciales, módulos sanitarios, áreas de servicio y administrativas se conectan mediante andadores y rampas de concreto estampado, flanqueados por muros de contención de piedra natural. El conjunto resulta autosustentable al contar con una planta de tratamiento de aguas residuales con una capacidad diaria de 90,000 litros de agua.•

The renewal of a beach by using a smart urban design and simple functional architecture has made a traditional public area a space for residents of La Paz, Baja California, to socialize and enjoy themselves. It has brought about family integration, and the general public uses it for recreation and leisure regardless of their social, economic or physical differences. El Coromuel Water Park was developed in front of La Paz bay and its series of different-sized buildings are integrated into the area's topography. It has an open-air stage, a dock, restaurants, commercial premises, bathrooms, utility and administrative areas that are connected by walkways and ramps made of stamped concrete and flanked by natural stone retaining walls. The complex is self-sustaining and has a wastewater treatment plant with a capacity of 90,000 liters per day.•

Alejandro D'Acosta López

Parque acuático El Coromuel

Proyecto arquitectónico Architectural Design Alejandro D'Acosta López Ingeniería estructural Structural Engineering Jesús Prado Rivas Construcción Contractor Administración Portuaria Integral de Baja California Sur Superficie construida Constructed Surface Area 22,218 m² Fotografía Photography Pim Schalkwijk, Alejandro Vázquez Saldaña Lugar Location La Paz, Baja California, México

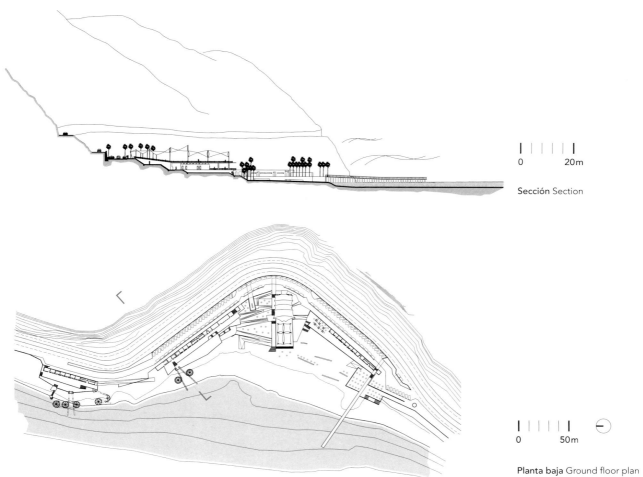

Sección Section

0   20m

Planta baja Ground floor plan

0   50m

El Museo de Arte e Historia de Guanajuato forma parte del Fórum Cultural Guanajuato, importante infraestructura cultural de la ciudad de León. El edificio se localiza en el entronque de dos de las principales avenidas de la ciudad. Aprovechando esta destacada ubicación, hicimos una plaza pública y planteamos el edificio como una puerta urbana al conjunto.

El museo es un edificio permeable por el que se transita libremente, con un gran espacio central, de doble altura, al que los visitantes pueden acceder tanto desde la calle como desde varios puntos del Fórum. Este espacio, iluminado por medio de tragaluces y ventanales, aloja los principales servicios al público, además de la sala de esculturas, que se prolonga a un jardín exterior.

Sólo el acceso a las salas de exposiciones, que se encuentran en la planta alta, es controlado. Se puede llegar a ellas por medio de rampas, escaleras y elevador, lo que enriquece las posibilidades de recorrido y la experiencia del visitante.

Hacia el exterior, la imagen del edificio es básicamente la de una serie de volúmenes cerrados, de concreto oxidado, que armonizan con la escala general del conjunto.●

This museum forms part of Forum Cultural Guanajuato, a major cultural center in the city of León. The building lies at the intersection of two of the city's main avenues; taking full advantage of this excellent location, the building was designed as an urban gateway into the complex.

The museum is permeable. Visitors can pass through it freely and enjoy the large double-height space at its center, accessible both from the street and from various other parts of the Forum. Naturally lit by skylights and large windows, this space contains the visitor's services area and sculpture displays, and leads to a garden outside.

The only part of the building with restricted access is the exhibition area on the top floor, which can be reached by ramps, stairs, and an elevator—adding to the circulation routes and enhancing visitors' experience.

From the outside, the museum's basic appearance is as a series of blind volumes of rusted concrete, in harmony with the overall scale of the complex.●

Nuño, Mac Gregor y de Buen Arquitectos

Museo de Arte e Historia

Proyecto arquitectónico Architectural Design Nuño, Mac Gregor y de Buen Arquitectos / Aurelio Nuño, Carlos Mac Gregor, Clara de Buen Colaboradores Project Team Francis Xavier Sáenz de Viteri, Bernardo Méndez, Gerardo Villanueva, Mariana Arzate, Gabriela Ibarra, Adolfo Hedding, Armando González, Héctor Gaytán, Cecilia Guadarrama, Diego Cárdenas, Jimena Hogrebe, Laura Heckmann, Susan Stiehl Ingeniería estructural Structural Engineering Colinas de Buen, S.A. de C.V. Construcción Contractor Secretaría de Obras Públicas del estado de Guanajuato Superficie construida Constructed Surface Area 22,500 m² Fotografía Photography Pedro Hiriart Lugar Location León, Guanajuato, México

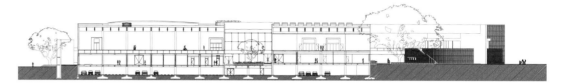

Sección A–A' Section A–A'

Sección B–B' Section B–B'

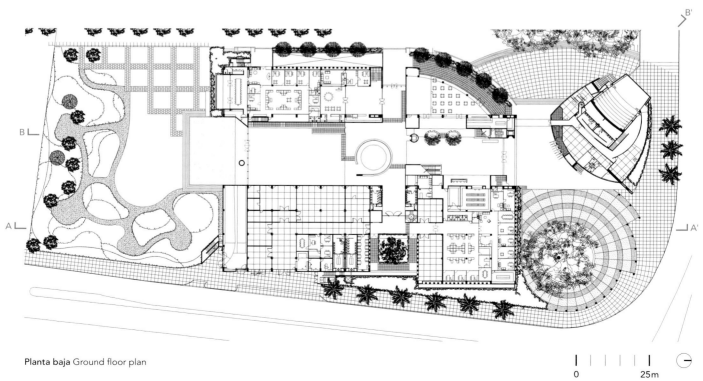

Planta baja Ground floor plan

0   25m

Ubicado al norte de la ciudad de Querétaro, en la ladera de un lomerío a cien metros de altura, el Centro de Congresos de Querétaro es visible desde muchos puntos de la ciudad. Su imagen urbana resalta por fachadas longitudinales, formadas por grandes parteluces de concreto blanco cincelado, de tres metros de profundidad y 18 de altura, que producen un ritmo aleatorio con sus diversas inclinaciones y giros.

El edificio es un volumen de 100 por 200, por 18 metros de altura, al que se ingresa por una fachada de cristal —ondulada e inclinada—, que está orientada al sur y con frente a una gran plaza de acceso semicubierta que comparte con el edificio del Teatro Metropolitano.

Un marco de concreto blanco, a escala peatonal, se integra al cuerpo de la fachada ondulada y permite el ingreso a un espacio complejo de cuádruple altura que funciona como vestíbulo y articula las circulaciones y las entradas a todos los espacios públicos. Sobre la planta baja se encuentra el área principal de exposiciones, que consta de un gran salón de 72 por 90 metros y 11.5 metros de altura, divisibles en dos salones simultáneos y con un área descubierta para exposiciones al aire libre, en la que se tienen excelentes vistas panorámicas de la ciudad de Querétaro.•

Located to the north of Queretaro city, on the slope of a 100-meter-high hill, the Queretaro Congress Center is visible from many points across the city. Its urban appearance is generated by longitudinal facades—formed by large bush-hammered white concrete mullions, 3 meters deep by 18 meters high that produce a random rhythm with various slants and rotations.

The building measures 100 by 200 meters and has a height of 18 meters. An undulating and sloping glass façade marks the entrance which is south facing and opposite a large semi-covered access plaza that the building shares with the Metropolitan Theater.

A white concrete frame, on a pedestrian-friendly scale, is integrated within the body of the undulating façade and provides the entrance to a complex, quadruple-height space that functions as a lobby and articulates the circulations and entrances to each public space. The ground floor contains the main exhibition area—a large hall measuring 72 by 90 meters with a height of 11.5 meters—which can be divided into two rooms at once and includes an unroofed zone for open-air events, with excellent views over the city of Queretaro.•

Teodoro González de León

Centro de Congresos de Querétaro

Proyecto arquitectónico Architectural Design **Teodoro González de León, Óscar Rodríguez Castañeda** Colaboradores Project Team **José Arce Gargollo, Alejandro Castañeda, Rafael Sevilla Arias, Jaime Brambila Corral** Ingeniería estructural Structural Engineering **Izquierdo Ingenieros** Construcción Contractor **Constructora Chufani** Superficie construida Constructed Surface Area **27,021 m²** Fotografía Photography **Pedro Hiriart** Lugar Location **Querétaro, México**

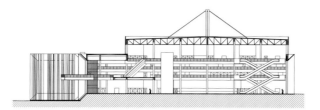

Sección transversal Transversal section

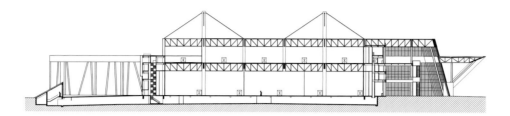

Sección longitudinal Longitudinal section

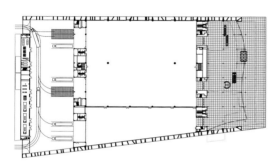

Planta baja Ground floor plan

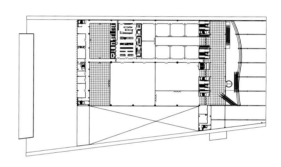

Planta alta Upper level plan

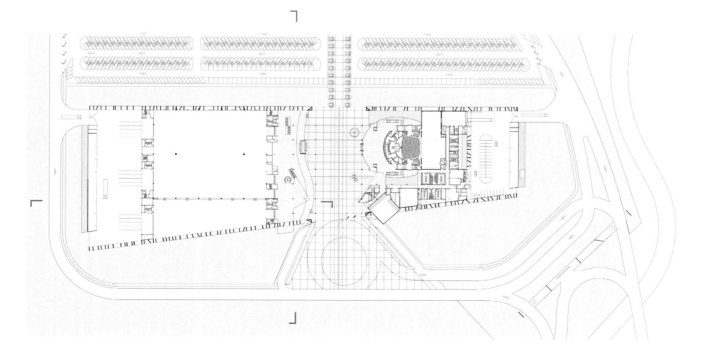

Planta baja Ground floor plan

0   10m

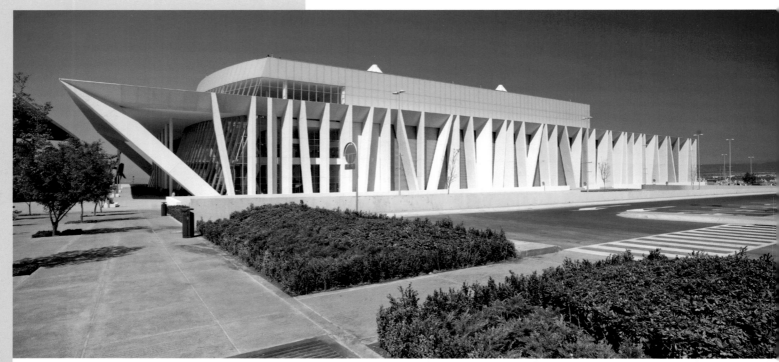

La Terminal Multimodal Azteca es un modelo de infraestructura pública de inversión privada, que genera el primer edificio de uso mixto con transporte público en nuestro país. Este proyecto alberga transporte, salud, educación, comercio y entretenimiento bajo un mismo espacio de naturaleza pública y resuelve una problemática urbana con un proyecto de alto impacto para la zona y su conectividad con la región, por medio del sistema de transporte Metro, el Mexibús, taxis, camiones foráneos y otras modalidades de transporte público.

El edificio resuelve diariamente el trasbordo de 120,000 pasajeros que se interconectan con los distintos medios de transporte. Brinda los mejores niveles de calidad en los servicios necesarios que requiere un proyecto de esta naturaleza. Asimismo se impulsa el uso del transporte publico, al dotar a los pasajeros con un estacionamiento de 500 cajones. El espacio cuenta con áreas verdes y con un proyecto de paisaje que integra el espacio exterior con el interior, sumando así iluminación y ventilación naturales, con fines de ahorro de energía y aprovechamiento de recursos naturales.

El proyecto se resuelve en cinco niveles que dotan al municipio de Ecatepec con servicios de alto impacto social: área de transporte público que controla más de 2,000 operaciones diarias; hospital de 5,000 m² con 42 consultorios; escuelas de idiomas y computación; instituciones financieras; oficinas de gobierno (ventanilla única); centro comercial y tienda de conveniencia; 12 salas de cine, y 500 cajones de estacionamiento.•

The Terminal Multimodal Azteca is a model of public-private infrastructure investment, creating the first mixed-use public transport building in Mexico. The project combines transport and health services, education facilities, retail spaces and entertainment in a single public space; it also overcomes an urban challenge with a high-impact project for the area, connecting the region via metro, Mexibús, taxis, long-distance bus services and other public transport options.

Every day the building handles 120,000 transit passengers who use the various modes of transport, and it offers the highest quality services as required for a project of this kind. The development also encourages people to use public transport with a 500-space parking lot. Green spaces and a landscaping project integrate the inside and outside enhancing natural lighting and ventilation thus saving energy and availing of natural resources.

This five-story project provides the municipality of Ecatepec with high social impact services: a public transport hub with over 2,000 daily operations; a 5,000 m² hospital with 42 consulting rooms; language and computer schools; financial institutions; 'one-stop-shop' government offices; a shopping mall and convenience store; 12 movie theaters; and a 500-space parking lot.•

CC Arquitectos

Mexipuerto
Ciudad Azteca

Proyecto arquitectónico Architectural Design Manuel Cervantes Céspedes Colaboradores Project Team Omar Rojas, Edson Castillo, Deyanira Yarza, Xavier Gómez-Daza, Israel Hernández, Adán San Juan, Eric Barrón Ingeniería estructural Structural Engineering Hubard y Bourlon, Grupo Instala, S.A. de C.V. Construcción Contractor PC Constructores, S.A. de C.V. Superficie construida Constructed Surface Area 75,500 m² Fotografía Photography Luis Gordoa y Manuel Cervantes Lugar Location Ecatepec, Estado de México, México www.ccarquitectos.com.mx

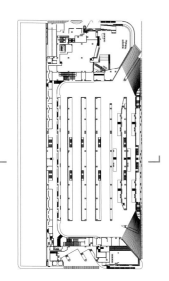

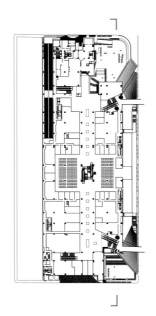

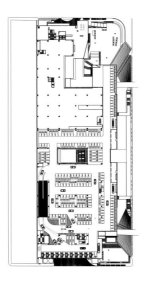

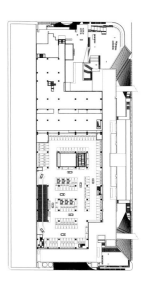

Planta sótano Basement floor plan **Planta baja** Ground floor plan **Planta primer nivel** First floor plan **Planta segundo nivel** Second floor plan

0 5 m

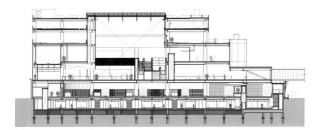

Sección transversal Transversal section

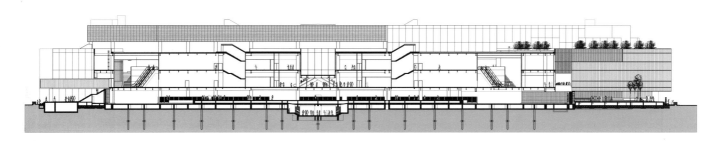

Sección longitudinal Longitudinal section

0   10m